JEDER MENSCH
TRÄGT EINEN GARTEN IN SICH.

WILLKOMMEN

Am Anfang steht die Leidenschaft
für das Gärtnern.

Schönheit liegt oft
im Detail.

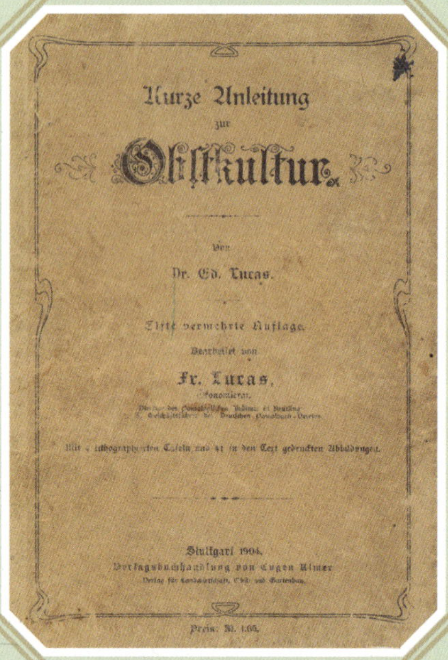

Das erste Buch im Verlag
Eugen Ulmer.

Mit Wissen und Begeisterung
ist jedes Ziel erreichbar.

Das Wappen des Verlages 1868.

Als mein Ur-Ur-Großvater den Verlag gründete, in dem dieses Buch jetzt erscheint, änderte sich gerade alles. Es gab neue Druckmaschinen, die Eisenbahn fuhr schneller, weiter, öfter und: die Glühlampe wurde erfunden. All das führte dazu, dass die Menschen mehr lesen wollten und konnten. Eugen Ulmer beschloss, sich auf alles Wissenswerte rund um die Landwirtschaft und den Gartenbau zu konzentrieren. Dieser Tradition sind wir aus Überzeugung treu geblieben. Denn am Anfang war ein Garten. Und die Sehnsucht nach einem eigenen Garten wird immer bleiben, auch wenn sich alles andere ändert. *Wie schön!* Und noch eines wird sich nie ändern … Jeder Garten beginnt mit einer Frage:

WAS WÜNSCHE ICH MIR VON MEINEM GARTEN?

„Mein Kräutergarten" ist Inspiration und professioneller Ratgeber – aber das Buch schreibt Ihnen auf keinen Fall etwas vor. Es geht nur darum, dass Sie sich ein Stückchen Erde schaffen, das perfekt zu Ihrem Leben passt. Mit unserem Wissen und Ihrer Fantasie und Begeisterung ist alles möglich! Verwirklichen Sie das Schönste auf der Welt – Ihren eigenen Kräutergarten. Wir wünschen Ihnen viel Freude und reiche Ernte!

MATTHIAS ULMER

Es gibt viele Wege zum Garten-Glück.

Welcher ist Ihrer?

ICH WÜNSCHE MIR

EXOTIK, MYSTIK UND URLAUBSFEELING

DEN KRÄUTERGARTEN FÜR WELTENBUMMLER

SEITE
12

ICH WÜNSCHE MIR

UNBÄNDIGES AROMA UND FRISCHE PUR

DEN KRÄUTERGARTEN FÜR LECKERKÖCHE UND PROFIGENIESSER

SEITE
24

ICH WÜNSCHE MIR

ABENTEUERSPIELPLATZ UND KINDERLACHEN

DEN KRÄUTERGARTEN FÜR KINDER

SEITE
28

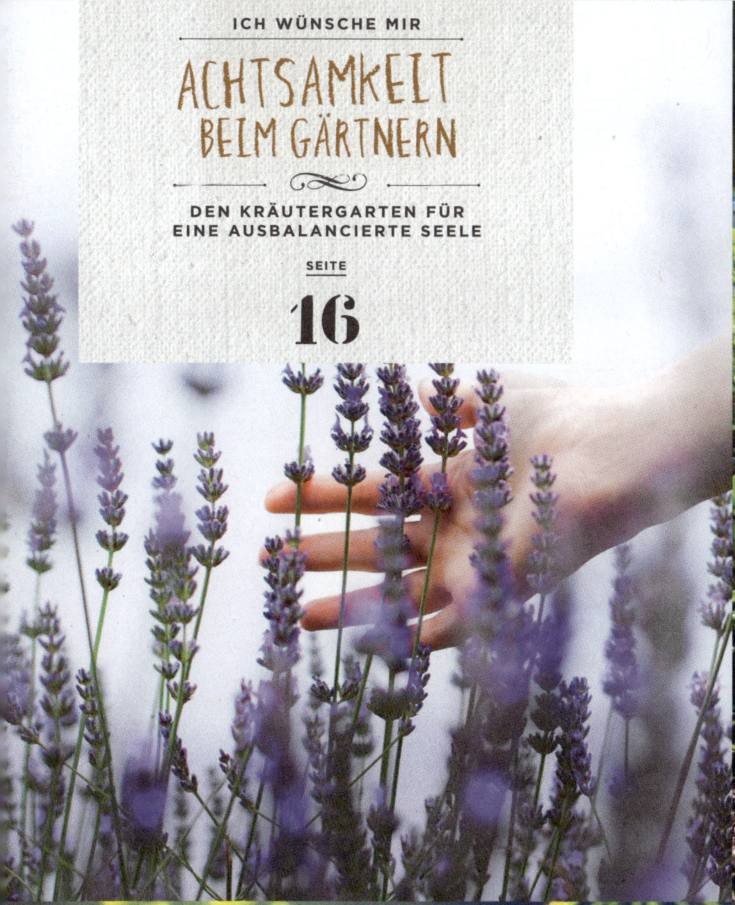

ICH WÜNSCHE MIR

ACHTSAMKEIT BEIM GÄRTNERN

DEN KRÄUTERGARTEN FÜR EINE AUSBALANCIERTE SEELE

SEITE 16

ICH WÜNSCHE MIR

VIEL ERNTE AUF KLEINEM RAUM

DEN KRÄUTERGARTEN FÜR STADTGÄRTNER

SEITE 20

ICH WÜNSCHE MIR

FRISCHE LUFT UND NATUR

DEN GARTEN FÜR WILDKRÄUTER

SEITE 32

ICH WÜNSCHE MIR

WELLNESS UND WACHSENDE GESUNDHEIT

EINEN HEILPFLANZEN-GARTEN

SEITE 36

ALLES WISSEN

Ich weiß schon genau, was ich wissen will:

Arbeiten und Genießen im Kräutergarten.

Machen Sie beim Gärtnern mit Kräutern einfach das, was Ihnen gefällt. Es gibt jede Menge interessante Projekte zu entdecken. Probieren Sie aus, welche Kräuter im Garten oder auf dem Balkon gut gedeihen.

SEITE

WISSEN, WIE ES GEHT 40

KRÄUTERWELT 42
Im Wandel der Zeit 43
Was Kräuter alles können 44
Zauberhafte Kräuter und Blüten 46
Für Körper und Geist 48
Wissenswertes über Kräuter 50

SÄEN, PFLANZEN, PFLEGEN 52
Hoch leben die Kräuter! 53
Was Pflanzen brauchen 54
Vom Aussäen und Pflanzen 56
Der Topfgarten 58
Individueller Kräutergarten 62

SEITE

ERNTEGLÜCK 66
Kräuter sind nicht alle gleich 67
Kräuter konservieren 70
Auf den Inhalt kommt es an 73
Kräuter zum Wohlfühlen 74
Kräuter selbst vermehren 76

RAN AN DIE KRÄUTER 78
Der Bärlauch 80
Das Basilikum 82
Das Bohnenkraut 86
Der Borretsch 88
Die Brennnessel 90
Die Brunnenkresse 92
Das Currykraut 94

	SEITE
Der Dill	96
Der Estragon	98
Das Johanniskraut	100
Die Kamille	102
Die Kapuzinerkresse	104
Der Knoblauch	106
Der Koriander	108
Die Kresse	110
Der Lavendel	112
Der Liebstöckel	116
Der Löwenzahn	118
Der Majoran	120
Die Minze	122
Die Petersilie	126
Der Portulak	128

	SEITE
Die Ringelblume	130
Der Rosmarin	132
Der Salbei	134
Der Schnittlauch	138
Die Tagetes	140
Der Thymian	142
Das Zitronengras	144
Die Zitronen-Melisse	146
Die Zitronenverbene	148
Die Zwiebel	150
SERVICE	**154**
Noch mehr Kräuter in der Übersicht	156
Bezugsquellen für Kräuter	158
Zum Weiterlesen	158

Ich weiß schon ganz genau, was ich wissen will:

Der Kräutergarten von A–Z.

A G L S

A

Auszugsöl 74, 75

B

Bärlauch 46, 51, 73, 80

Basilikum 55, 56, 76, 82

Genoveser 82

Bodenverbesserung 49

Bohnenkraut 55, 56, 70, 76, 86

Borretsch 48, 51, 55, 72, 76

Brennnessel 45, 46, 49, 69, 75, 90

Brunnenkresse 62, 92, 104, 110

C

Currykraut 94

D

Dill 55, 62, 64, 76, 96

Dünger 45, 55

Dunkelkeimer 56

E

Einfrieren 70, 72, 73

Einjährige 51, 70, 76

Estragon 55, 56, 58, 62, 64, 77, 98, 99

F

Familien-Kräuterbeet 54

G

Gewürz-Tagetes 140

Grow Bags 64

H

Haarpflege mit Kräutern 49

Hanging baskets 61

Hausapotheke 48

Hautpflege mit Kräutern 48

Heilpflanze 48, 89, 100, 102, 113, 119, 126, 128, 132, 136, 142, 146, 150, 153, 156

Hochbeet 63

J

Johanniskraut 46, 49, 56, 69, 75, 100

K

Kamille 48, 49, 102

Kapuzinerkresse 55, 60, 64, 72, 76, 104, 110

Klostergärten 43

Knoblauch 106, 107, 121, 124

Knoblauch, Schnitt- 107

Knoblauchsrauke 107

Koriander 108

Kräuterbeet 64

Kräuterblüten in der Küche 46

Kräuteressig 47, 89, 99

Kräuterschere 68

Kräuterspirale 51, 55, 62, 93, 95, 121, 123, 133, 143

Kresse 104, 110

L

Lauch, Weinbergs- 107

Lavandin 113

Lavendel 49, 55, 56, 62, 70, 74, 75, 112

Lichtkeimer 56, 86, 93, 103, 111, 128

Liebstöckel 55, 56, 58, 64, 116

Löwenzahn 46, 50, 69, 75, 118

M

Majoran 55, 62, 64, 120

Mehrjährige 50, 51, 56, 64, 76

Melisse 49, 146

Minze 74, 77, 122

Mutterkraut 102

N

Nährstoffbedarf 55

Nützlingsbeet 131

P

Petersilie 55, 62, 64, 67, 72, 126

Pfefferminze 49, 55, 64, 66, 70

Pikieren 57

Portulak 64, 128

R

Ringelblume 49, 51, 76, 130

Rosmarin 46, 49, 54, 62, 64, 67, 72, 74, 75, 77, 132

S

Salbei 46, 49, 55, 62, 64, 67, 76, 77, 134

Schaderreger 45

Schnittlauch 55, 62, 64, 67, 72, 138

Steckhölzer 76, 77

Stecklinge 76, 77

Stickstoffdünger 45, 55

Studentenblume 140

T

Tagetes 72, 140

Thymian 54, 55, 58, 62, 67, 70, 72, 75, 142

Topfgarten 56, 58, 105

Trocknen 70, 73, 76

Tulsi 84

W

Wermut 45

Wildkräuter 49, 50, 68, 69

Z

Zauberpflanze 46

Zitronengras 144

Zitronen-Melisse 49, 146

Zitronenverbene 148

Zweijährige 51

Zwiebel 150

Zwiebel, Luft- 152

Zwiebel, Winterheck- 151

MEIN

GARTEN

JEDER KRÄUTERGARTEN IST ANDERS. VON WELCHEM TRÄUMEN SIE?

Mit der Entscheidung für einen Kräutergarten eröffnet sich eine ganz eigene Welt. Und Sie können entscheiden, wie Sie Ihre gestalten möchten. Je nachdem, ob Sie das Exotische suchen und finden möchten, ob es ein Kräuterabenteuer für Kinder oder eine natürliche Hausapotheke direkt vor der Tür werden soll, ob Sie viel Platz haben oder den kleinen Altbaubalkon bestücken möchten. Möglich ist so, so Vieles! Und das Schöne ist, mit diesem Buch können Sie ausprobieren, wovon Sie träumen – und immer wieder mal schauen, was Ihnen auch gefallen könnte.

Auf den nächsten Seiten finden Sie Anregungen, welcher Kräutergarten Ihrer werden und was darin wachsen könnte – und wie Sie das dann alles Schritt für Schritt Wirklichkeit werden lassen. In einigen Texten finden Sie bereits vier, fünf Ideen, was Sie mit Ihrem Garten anfangen können. Und rechts daneben dann konkrete Projekte, die Ihnen dieses wundervolle Gefühl geben, etwas Neues und wirklich Schönes zu verwirklichen.

ICH WÜNSCHE MIR

DEN KRÄUTERGARTEN FÜR WELTENBUMMLER

EXOTIK, MYSTIK UND ...

... URLAUBSFEELING

Kann man mal nicht in die Welt hinaus, holt man sie sich eben einfach nach Hause. Das „Transportmittel" ist klein, fein – und könnte schon bald aus Ihrem eigenen Garten kommen! Kräuter sind das Parfum eines Landes. Und Sie entscheiden, nach welchem Duft Ihnen der Sinn steht – wundervoll, was da alles möglich ist.

EIN GRUSS …

… aus fremden Ländern: Kräuter sind Weltenbummler. Mit ihnen holen wir Exotik, Mystik und Urlaubsfeeling in unseren Garten. Mit Kräutern wird Gemüse oder ein Fisch nicht nur besonderer Genuss, sondern Abenteuer und Sehnsucht. Kräuter duften, Kräuter verleihen Noten. Und kein Sinn öffnet das Tor zur Erinnerung so weit wie das Geruchsvermögen.

Stellen Sie sich vor, wie Sie morgens auf Ihrem kleinen Balkon stehen, den ersten Becher Kaffee in der Hand – und es riecht nach Italien! Dieses Gefühl, wenn man die Serpentinen entlangfährt, die Hand aus dem Autofenster hält, die Luft ist warm und salzig, aus dem linken Augenwinkel sieht man die Adria glatt funkelnd, aber man fährt lieber noch ein Stückchen weiter, weil es da noch schöner ist, und abends – träumen Sie selbst weiter, genau das, was Sie wollen! Oder Sie machen sieben Schritte entlang des Kräuterbeetes in Ihrem Garten, und es erscheint Ihnen plötzlich gar nicht so unwahrscheinlich, dass Sie gerade mit einem fliegenden Teppich vor den Toren Casablancas gelandet sind. Das ist das Tolle an Kräutern,

sie verändern nicht nur Speisen, sie nehmen einen mit auf eine Reise. Ins mediterrane Kräuterbeet gehört auch unbedingt der Rosmarin – „Ros-marin“ heißt übersetzt „Tau des Meeres“, wer will damit nicht am liebsten gleich ein ganzes Feld bepflanzen?!
Und es geht nicht immer nur ums Essen. Wer einmal die silbrig grauen Blätter von Artemisia-Pflanzen wie Eberraute oder Beifuß in der Nacht hat leuchten sehen, kann sich gut vorstellen, warum die alten Griechen das Kraut ihrer Göttin des Mondes, Artemis, weihten. Als Räucherstäbchen angezündet, verbreitet die Eberraute an kalten Winterabenden eine geheimnisvolle Stimmung; antike Tempel, Orakelsprüche und zart blasse Göttinnen-Statuen scheinen ganz nah …
So wie Gewürze waren auch Kräuter begehrte Güter, für die Schiffe lange Wege auf sich nahmen und die ihre Händler zu reichen Männern machten. Heute haben Sie es selbst in der Hand, welche Länder Sie sich ins Beet oder in den Topf holen möchten. Und ob es bereits fertige Pflänzchen sein sollen oder Sie selbst säen, wässern und pikieren.

Kräuter sind der Duft der Welt und die Farbe der Erinnerung.

Das hier ist eine Einladung: Erschaffen Sie sich Ihre eigene Kräuterwelt, es ist ein unvergleichliches sinnliches Erlebnis. Stellen Sie sich vor, wie die ersten lila Lavendelblüten zart an den Rispen sprießen. Oder die blauen Blüten des Rosmarin – einmal tief einatmen und Sie sind an der Côte d'Azur, über Ihnen der Himmel so blau wie die Blüten. Oder das eigene Basilikum, das so schmeckt wie keins, denn es vereint den Geruch Italiens an einem Sommerabend mit dem Ihres Klimas zu Hause – und ehrlich gesagt, das ist die wahre Exotik, das gibt es so nur ein einziges Mal: bei Ihnen.
Und in Zukunft bringen Sie dann die kleinen Kräutersäckchen aus dem Urlaub nur noch mit, um zu sehen, ob Sie das nicht auch selbst – und vielleicht sogar ein bisschen besser – hinkriegen können!

MEINE URLAUBSERINNERUNGEN

ORIENTALISCHE LINSENSUPPE

Gegen Fernweh helfen Kräuter und Linsen, in einer orientalischen Suppe vereint.

AUF SEITE 109

LAVENDELSEIFE

Augen zu und den Duft von Lavendel genießen – das ist wie Urlaub in Frankreich.

AUF SEITE 115

KICHERERBSENSALAT

Kräuter und Kichererbsen passen wunderbar zusammen. Ideal fürs Garten-Sommerfest.

AUF SEITE 87

FINES HERBES

Den Duft der Ferne einfangen und viele Jahre aufbewahren!

AUF SEITE 99

ICH WÜNSCHE MIR

DEN KRÄUTERGARTEN FÜR EINE AUSBALANCIERTE SEELE

ACHTSAMKEIT...

Wir haben es mit tausenden von Dingen, Ideen und Beschäftigungen versucht. Und nichts gefunden, was damit vergleichbar ist: das was immer schon war zu berühren, und das, was wird, zu bestaunen. Jeder Garten ist ein Wunder – und Ihr Kräutergarten ist Balsam für das Jetzt.

… BEIM GÄRTNERN

UNWIDER-STEHLICH …

… ist manchmal der Drang, die feinen, leicht rauen Blätter eines Krauts zwischen den Fingern zu reiben. Die leichte Feuchtigkeit zu spüren und nahezu zu hören, wie sich der Duft aus den Blättchen befreit. Vita Sackville-West, Schöpferin der Gartenlegende Sissinghurst, erlag auch dieser Faszination. Weltbekannt wurde sie für ihre üppigen Rosenbeete und den „Weißen Garten". Aber etwas abseits von diesem Paradies legte sie ein Kräuterzimmer an – sie wollte nicht, dass der stille Zauber eines Thymian oder Safran-Krokus von „lauten", mit Blüten protzenden Stauden übertönt würde. Besser lässt sich das Wesen der Kräuter kaum beschreiben. Sie sind ganz einfach, aber wer ihnen seine Aufmerksamkeit schenkt, wer sie sich entfalten lässt, der spürt das ganz Besondere.

Was mache ich gerade? Wie mache ich es? Und wie fühle ich mich dabei? Diese Grundfragen der Achtsamkeit sind schwer zu beantworten, wenn man sich als Hobby die Geldvermehrung an den Rohstoffbörsen der Welt ausgesucht hat oder die Inhalation möglichst vieler Serienfolgen pro Abend. Von selbstverständlicher Schlichtheit hingegen sind die Antworten, wenn man Salbeisamen in feuchte Erde sät, mit Hilfe eines Pikierstabes ein zartes Pflänzchen ganz vorsichtig auf seinen Umzug in einen Topf vorbereitet oder zum ersten Mal seit dem Werkunterricht in der dritten Klasse wieder etwas mit Holz baut, nämlich das erste Hochbeet seines Lebens.
Ganz zu schweigen von den Früchten der „Mühen". Die Wirkung von Johanniskraut ist allgemein bekannt, es gibt unzählige Varianten von Kräutertees, die sich positiv auf das psychische Gleichgewicht auswirken und, auch ein interessantes Thema, wir haben ein paar Tipps, wie man Kräuter fürs körperliche Wohlbefinden einsetzen kann. Stellen Sie sich vor, Sie machen Ihr eigenes Lavendelöl! Das pflegt übrigens Haut und Seele gleichzeitig.

Wie schön, mal nicht die Metaebene zu analysieren, sondern herauszufinden, wie man dieser kleinen Minze auf die Sprünge helfen kann.

Und natürlich können Sie immer wieder Neues ausprobieren. Was es nicht gibt: scheitern. Man scheitert nicht im Garten. Der macht manchmal einfach nur, was er will. Das muss man ihm gelassen zugestehen – und kann daraus auch etwas für andere Situationen des Lebens lernen. Übrigens: Wer denkt, diese Form der Achtsamkeit kann man sich wieder nur leisten, wenn man ein ansehnliches Stück Garten, am besten wie Vita Sackville-West, besitzt: Kräuter auf der Fensterbank haben zwar einen anderen Reiz, aber dieselbe, wohltuende Wirkung!

MEINE SINNESERFAHRUNGEN MIT KRÄUTERN

DUFTENDE KRÄUTERSPIRALE

Mit allen Sinnen duftende Kräuter genießen, und das auf kleinstem Raum!

AUF SEITE 62

ERFRISCHENDE MINZSUPPE

Eine kühle Suppe aus Minze ist ein Experiment wert. Leckeres Balsam für die Seele nach einem heißen Sommertag.

AUF SEITE 125

STECKLINGE SCHNEIDEN

Kaum ein Duft ist intensiver als der von Zitronenverbene. Neue Pflanzen gibt es dank Stecklingsvermehrung.

AUF SEITE 149

ICH WÜNSCHE MIR:

DEN KRÄUTERGARTEN FÜR STADTGÄRTNER

VIEL ERNTE ...

Ja, es kann passieren, dass man plötzlich in der Handtasche oder im Rucksack kleine Tütchen mit sich führt. Um mal eine neue Sorte auszuprobieren. Kriegt man inzwischen in den meisten Städten ja an jeder Ecke. Ein paar Wochen später verteilt man das Ergebnis dann an Freunde. Erntet Bewunderung und Dankbarkeit, lässt sich für seinen Erfolg feiern. Gärtnern macht alle glücklich – ganz legal und gerade auch, wenn man Basilikum, Schnittlauch oder Chili im fünften Stock, mit dem Blick über die Dächer der Stadt, zum Leben bringt.

... AUF KLEINEM RAUM

WIE BERUHIGEND …

… wir können in der aufregendsten aller Welten leben, Version 24/7, und haben das Ticket für das 1:1-Authentizitätsgefühl jederzeit in der Tasche. Genauer gesagt: vor dem Fenster. Ab ins Grüne? Mal was anderes riechen als Super 95, mal was anderes sehen als unzählige Schilder-Varianten von „Du darfst nicht“? Dazu muss man nicht auf dem Land leben oder einen Schrebergarten pachten. Es reichen ein paar Töpfe, ein simpler Balkonkasten oder auch nur ein umfunktionierter Waschkübel. Schon erfüllen Sie sich den Traum vom Minigarten in der City. Sei es in einem kleinen Hinterhof, auf dem schmalen Altbaubalkon oder – viel besser als nichts – auf dem Fensterbrett, ja sogar im Zimmer. Gärtnern geht überall. Was braucht es schon? Erde, Sonne, Wasser. Weltweit holen sich die Menschen das zurück, was angeblich der Preis für das Leben in der Stadt ist. Dachgärten in Tel Aviv, ein mediterraner Quadratmeter im 3. Hamburger Stock, ein Balkonkasten in Barcelona – und alle Besitzer haben dieses einzigartige Erlebnis, wenn sie den ersten eigenen Rosmarinzweig aufs Hühnchen legen oder die zarten Korianderblätter, „Meine Korianderblätter!“, dem grünen Curry die Note geben.

Es zählt nicht, wie viel wir ernten, sondern nur, dass wir es tun. Da reicht schon eine einzige Chilischote. Worum es geht ist, das Lebensmittel zu erleben. Unsere Kräuter vor dem eigenen Fenster wachsen zu sehen. Schnittlauch oder Kresse abzuschneiden und übers Käsebrot zu streuen. Weil es das so viel besser macht. Oder, kaum zu übertreffen, den wasserfesten Stift nehmen und auf das Glas Pesto „selbstgemacht" schreiben. Steine, Dauersound, Stress – und dem setzt man dann kleine Pflänzchen entgegen, sät sie, lässt sie wachsen, lässt sie leuchten. Beim Blick nach draußen prallt der Blick nicht als erstes gegen das Nachbarhaus, sondern begutachtet den Stand des Schnittlauchs, dessen Blüten Insekten anziehen, oder schaut, ob sich was bei der gelb, rot und orange blühenden Kapuzinerkresse in Sachen Höhenwachstum getan hat.

Das beste Mittel gegen Stahlbeton und Rushhour: duftende Kräuter, die gelassen vor sich hinwachsen, ob der DAX nun steigt oder fällt.

Auf einmal hat man wieder einen Indikator, dass es tatsächlich Jahreszeiten gibt... sind bei der Wiedergeburt der Pflanzen und Kräuter im Frühjahr dabei. Erleben ihre Blüten und ihren Duft im Sommer. Ernten im Herbst. So wie es die Natur vorgesehen hat. Und wenn wir die Finger nicht davon lassen können, machen wir im Winter auf der Fensterbank eben weiter. Blick auf den Computer-Monitor: müde. Blick auf die Kräuter: frisch! Kurz in der Erde graben. Verwelktes abschneiden. Wässern. Ein schöner Wasch-Kübel mit allen Gewürzen für unser Lieblingsgericht? Vielleicht sogar ein Hochbeet oder eine kleine Kräuterspirale anlegen? Plötzlich hat man Majoran, Estragon oder Ysop in Nasenhöhe. Und, was soll's, die selbstgezogene Minze kann man auch in den Mojito fallen lassen. Oder welcher Cocktail in dieser Saison auch gerade immer angesagt ist, in den Städten der Welt.

MEINE STADTGARTEN-PROJEKTE

VERTIKAL GÄRTNERN

Wenig Platz, viele Kräuter – einen Traum realisieren.

AUF SEITE 65

KRÄUTERTURM

Die dritte Dimension erobern mit gestapelten Kräutertöpfen. Da wachsen die Kräuter direkt in den Mund.

AUF SEITE 133

PFLANZENSTÄRKUNG AUS DER NATUR

Damit die Kräuter gesund bleiben und uns gesund erhalten – selbst gemachte Pflanzenstärkungsbrühen.

AUF SEITE 55

ICH WÜNSCHE MIR

DEN KRÄUTERGARTEN FÜR LECKERKÖCHE UND PROFIGENIESSER

UNBÄNDIGES AROMA...

„Habe ich heute Morgen geerntet" – ist das nicht einer dieser Sätze, die man schon immer mal gerne fallen lassen wollte? Und nicht nur, dass alles bio ist und frischer wie es frischer nicht geht: Man kann sich in ganz neue Geschmacksgefilde vorwagen. Diese ganz besondere Sorte Minze auf der Zunge prickeln lassen, den Tomaten mit der Zitronenverbene eine unglaubliche Note verleihen und alle schlichtweg in Entzücken versetzen, wenn man das Dessert mit den kandierten Rosenblüten serviert.

... UND FRISCHE PUR

RAFFINESSE …

… zeigt sich naheliegender Weise nicht in den großen und groben Dingen, sondern in den Details, die man nur beherrscht, wenn man etwas verstanden hat von dem, mit dem man sich befasst. Crevetten auf frittiertem Spitz-Wegerich, als Dessert eine Süßdoldencreme und dazwischen einen selbstbewussten Salat, garniert mit den optimistisch leuchtenden bunten Blüten des Borretsch und der Kapuzinerkresse. Die weißen Blätter der Kresse pfefferig scharf, dazwischen wartet das feenartige Aroma von Limette mit Koriander und Zitronengras gemischt. Eine verblüffende Kombination, die man erst einmal lange anschaut. Bis man darauf kommt, dass dieses Kunstwerk ja auf die Gabel wartet.

Ja, das Auge isst mit, aber vor allem haben wir alle genug von dem Standard, den uns auf Massengeschmack angelegte Fertiggerichte und normales Restaurantessen bieten. Der Ruf nach den frischen Produkten aus der Region – mehr Verwirklichung erfährt er nie, als wenn die Kräuter unter der eigenen Hand gewachsen sind. Und wer denkt, mit Petersilie,

Dill und was man sonst noch so aus der Tiefkühltruhe angeln kann, sei es in unseren Breitengraden getan: von wegen. Sie kennen Basilikum, natürlich. Kennen Sie 'Purple Delight'? Auch Basilikum. Aber rotlaubig und etwas herber im Geschmack. Oder Thai-Basilikum, das etwas nach Anis schmeckt. Man hört den Namen und hat schon erste Ideen ... In Frankreich arbeitet man beim Essen, nicht nur bei Süßspeisen, gerne auch mal mit Lavendel, Geschmackssache natürlich, aber warum es nicht ausprobieren? „Zur Not" wird dann eben doch Seife oder ein Duftsäckchen daraus! Kennen Sie Lakritz-Tagetes? Ja? Und haben Sie die Blüten schon einmal in Weißwein eingelegt? Hat man einmal damit begonnen, bekommt man eine Ahnung davon, was man sich alles entgehen lässt, wenn man den Kräutereinsatz auf Petersilien-Kartoffeln beschränkt… Der Obergärtner des englischen Königs James II. war der Überzeugung, ein guter Salat müsse aus mindestens 35 Zutaten bestehen, darunter Wurzeln, aber auch Gänseblümchen, Fenchel, Engelwurz, Veilchen oder Salbei, Ysop und Pimpinelle. Die Teller, die damals auf den Tisch kamen, sahen aus wie üppige Blumenwiesen oder kleine Schlösser aus Kräutern. Wer Freude daran hat, sich auf Neues einzulassen, Dinge auszuprobieren, die jenseits von Gewohntem sind, der kann sich mit Kräutern ein unglaublich vielseitiges Spielfeld nach Hause holen. Feinschmecker lieben so etwas, aber auch alle Menschen, für die es eine Freude ist, gut, gesund und anders (weil unverfälscht!) zu essen. Lassen Sie sich inspirieren und nutzen Sie diese Inspiration dann, um Ihren eigenen Weg durch die aufregende Küche der Kräuter zu machen.

Kräuter sind die heimlichen Stars auf der Bühne für Feinschmecker.

MEINE KULINARISCHEN HIGHLIGHTS

ZITRONENGRAS-EISTEE

Eine köstliche Erfrischung, exklusiv und schnell zubereitet.

AUF SEITE 145

SALTIMBOCCA ALLA ROMANA

Für Freunde und die Familie gibt es immer etwas ganz Besonderes.

AUF SEITE 137

KRÄUTERBLÜTEN-SALAT

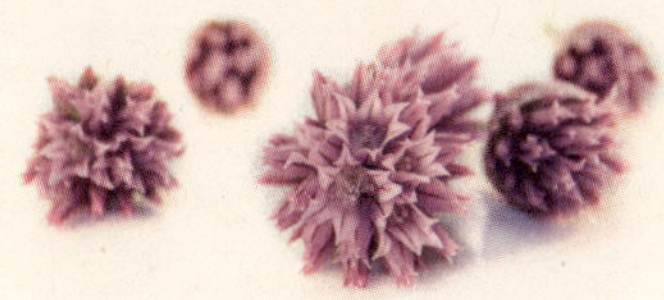

Salat geht immer, mit Kräuterblüten wird er zum Bestseller.

AUF SEITE 47

KRÄUTERESSIG

Guter Essig, selbst hergestellt, das ist auch ein Geschenk für Gourmets.

AUF SEITE 73

PORTULAK-BANANEN-SMOOTHIE

Kräuter bringen auch in Smoothies einen einzigartigen Geschmack.

AUF SEITE 129

DILLGURKEN

Auch aus einfachen Zutaten können Köstlichkeiten gezaubert werden.

AUF SEITE 97

ICH WÜNSCHE MIR

DEN KRÄUTERGARTEN FÜR KINDER

… UND KINDERLACHEN

Manchmal hat man ja das Gefühl, man kriegt die lieben Kleinen gar nicht mehr vom neuesten i-sonstwas gekratzt. Kriegt man aber doch. Mit dem, das noch spannender ist als die virtuelle Realität: im eigenen Garten selbst eine Cola-Pflanze wachsen lassen, Nacktschnecken vom Beet brüllen und den Gummibärchen-Strauch unter Wasser setzen.

AM ANFANG ...

... steht nur allzu oft ein „ach nö". Das ist dann aber auch ziemlich fix vergessen. Ob nun auf dem Balkon oder im Garten, wann kann man schon in der Erde herumwühlen, mit der Gießkanne hantieren, das frisch Angelegte vor möglichen Eindringlingen schützen, indem man kleine Schutzwälle baut? Und etwas gemeinsam machen, das weit jenseits von aufräumen ist? Sich zusammen für Sorten entscheiden, das Für und Wider abwägen, die Samen besorgen, zusammen pflanzen, kleine Furchen in die Erde ziehen, Samenkügelchen sorgsam platzieren oder einfach platsch fallenlassen. Und auf einmal wird aus dem kleinen Kerl, der es nicht immer schafft, auch die zweite Socke anzuziehen, der Inspekteur, der jeden Morgen im Schlafanzug zu seinen Pflänzchen rennt, um mit zusammengekniffenen Augen festzustellen, ob und wenn ja um wie viel Millimeter das Wachstum vorangeschritten ist. Oder anders ausgedrückt: Auf welchem Level

es jetzt ist. Und dazu gehört auch, manchmal echt tapfer zu sein, denn im Computerspiel hat man vielleicht sechs Leben, aber die Eberraute haucht ihr einziges vielleicht schon aus, bevor sie so faszinierend nach Cola riecht. Muss man durch … und man lernt immerhin, dass es manchmal nicht so läuft wie gehofft, ohne dass man etwas dafür kann. Oder eben gerade dass doch – wenn das Kräutlein die letzte Ruhe im Seemannsgrab des gestrigen Totalgießens gefunden hat. Aber das sind ja nur die Nebeneffekte. Das Tolle ist das Machen – und der Erfolg. Da sind sie also, diese haarigen Blättchen der Minze. Kritischer Blick, kurzes Zögern, aber dann wird probiert. Schmeckt ja echt nach Kaugummi! Und wenn wir das mal in die Limonade tun? Oder zur Wassermelone? Wie macht man das, woher kommt das, wie lange dauert das, wann fangen wir an, warum nicht jetzt sofort?

Lust auf ein bisschen Zauberei?
Dann lassen wir mal die
Kräuterfeen und Gießkannenmagier
aus den Kinderzimmern!

Essbare Blüten und Blätter, so weit entfernt von Mäckes und Co, aber so faszinierend, wenn man sie selbst hat wachsen sehen. Wie viele Sorten es gibt, was für Namen die haben und was man da alles draus machen kann! Kamilleblüten sind hübsch und duften gut, aber selbst diese hinterlistigen Brennnessel-Blätter sind nicht nur dazu da, einen zu ärgern, sondern man kann auch aus ihnen, wenn man sie vorsichtig erntet, im Ofen knackige Chips backen!

Kinder kommen nicht auf die Welt und sind Nerds. Kinder sind Entdecker, Eroberer und hingerissen von allem, was sie nicht erwartet haben. Und sie sind kleine Menschen, die das toll finden, was auch große begeistert: Leben zu erleben. Also viel Spaß bei Ihrem ersten gemeinsamen Garten der Wunder.

MEINE KINDER-PROJEKTE

KRESSE AUS DEM EI

Die kleinen Samen auszusäen, keimen und wachsen zu sehen, das ist ein tolles Erlebnis.

AUF SEITE 111

KINDER-TOPFGARTEN

Früh übt sich, wer mal ein großer Kräutergärtner werden will.

AUF SEITE 105

KRÄUTER-QUARKBROT

Die eigenen Kräuter ernten und zu frisch gebackenem Brot verputzen, das ist Glück.

AUF SEITE 139

ICH WÜNSCHE MIR

DEN GARTEN FÜR WILDKRÄUTER

FRISCHE LUFT ...

Die strategische Verfeinerung, die Suche und das Finden des immer noch ein bisschen Besseren – das kann zur Leidenschaft werden. Und wenn es im Garten stattfindet: wunderbar. Aber es liegt auch ein Reiz darin, die Dinge einfach geschehen zu lassen. Sie zu nehmen wie sie sind – und herauszufinden, warum es von der Natur vielleicht doch eine ziemliche brillante Idee war, genau dieses Kraut wachsen zu lassen. Entstressung pur? Wildkräuter!

DIE BLUME UNSERER KINDHEIT …

… natürlich das Gänseblümchen! Haarkränze, Abzählreime, die weiß-gelben Köpfchen auf dem Bach treiben lassen, die letzte Chance, um zum Muttertag mit einem Sträußchen anzutanzen, Verzierung von opulenten Sandkistenkuchen. Aber haben wir sie gegessen? Eher als Mutprobe, immerhin besser als der Regenwurm, der die Alternative gewesen wäre … Dabei schmecken Gänseblümchen ziemlich gut, leicht nussig. Und sind eben auch ziemlich hübsch anzusehen auf Salaten oder Desserts. Mit „Pusteblumen" oder Löwenzahn ist es auch nicht viel anders. So ganz neu ist der Gedanke nicht, allerdings stand früher Selbstgepflücktes eher aus Not auf dem Speiseplan. Heute, wo wir schon so ziemlich alles mal kombiniert, durch atomarbetriebene Beschleuniger gejagt oder auch das letzte Zipfelchen Pampa nach einer kulinarischen Spezialität oder Absurdität abgegrast haben, ist der Griff zum Wildkraut vielleicht auch nur ein Trend der Spitzenköche. Aber auf der anderen Seite spielt er uns voll in die Karten. Denn wir haben ja einerseits einen Garten, um uns selbst zu versorgen, ein bisschen gesünder zu leben und uns zwar auszusuchen, was rein soll oder nicht. Andererseits wollen wir uns aber nicht die Hälfte der Zeit damit aufhalten, dass was eigentlich nicht wachsen soll, zu eliminieren. Den Giersch zum Beispiel lädt niemand zu sich ein. Kommt aber immer. Probieren Sie beim nächsten Jäten der Staudenbeete mal die dreigeteilten Blätter, statt das Gewächs fluchend und schwungvoll auszureißen. Aromatisch, oder? Ein bisschen wie Petersilie oder Sellerie? Da lässt sich doch was daraus machen! In den Salat, den Auflauf oder als Gemüse gedünstet? Darum geht es, aus dem, was da ist, das Beste machen, statt zu hadern und sich daran aufzureiben. Wildkräuter sind nicht nur schmackhafter, sie enthalten auch weitaus mehr Vitamine, Proteine oder Flavonoide als Kulturgemüse oder Lebensmittel aus dem Gewächshaus. Das kleine Gänseblümchen hat dreimal so viel Kalium, Calcium und Magnesium wie der Kopfsalat aus dem Supermarkt!

Wildkräuterkunde und Kräuterwanderungen – shoppen an der frischen Luft. Und ohne Kreditkarte.

Und wer die Wildkräuter für sich entdeckt hat, geht in Zukunft ein bisschen anders durch die Natur. Beim nächsten morgendlichen Spaziergang über eine Sommerwiese (wann hat man eigentlich den letzten gemacht? Höchste Zeit!) bemerkt man dann auf einmal einen taufrischen Spitz-Wegerich, Brennnessel, Feld-Thymian, Wiesenknopf, Schafgarbe, Schachtelhalm, Bärlauch oder Knoblauchrauke. Die wachsen da nicht nur so herum, mit denen können Sie etwas anfangen! Die kennen Sie gar nicht alle? Werden Sie. Und Sie werden Ihre pure Freude daran haben!

MEIN WILDKRÄUTERGARTEN

KRÄUTERBUSCHEN BINDEN

Kräuter sind nicht nur zum Essen da, sie symbolisieren die Vielfalt der Natur.

AUF SEITE 101

RASTSTÄTTE FÜR NÜTZLINGE

Kräuter locken Nützlinge an und die schützen die Kräuter vor Schädlingen.

AUF SEITE 131

BÄRLAUCH-PESTO

Voller guter Inhaltsstoffe und noch dazu so lecker.

AUF SEITE 81

ICH WÜNSCHE MIR

EINEN HEILPFLANZEN-GARTEN

WELLNESS ...

… UND WACHSENDE GESUNDHEIT

Die indische Medizin ist alt, die chinesische uralt, und auch bei uns gab es einmal ein Wissen, wie man jenseits von chemischen Verbindungen mit drei Meter langen Beipackzetteln und High Tech-Geräten Beschwerden heilen oder für Wohlbefinden sorgen kann. Es ist gut, dass wir das Neue haben. Aber es ist phantastisch, auch auf das erprobte Wissen zurückgreifen zu können.

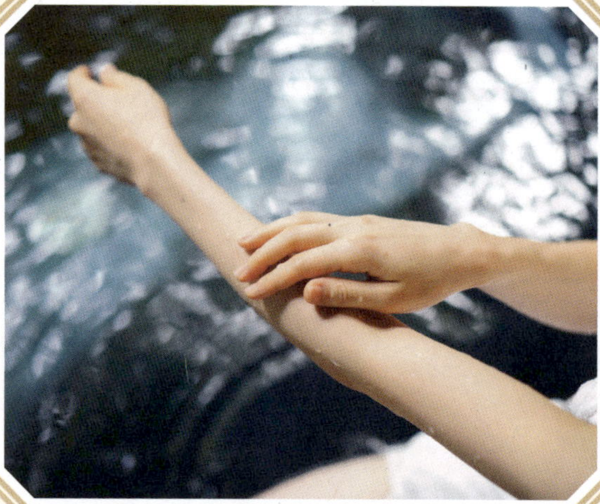

EHRLICH GESAGT …

… ja, man fühlt sich ein bisschen wie ein aus einem Fantasy-Roman entsprungener Alchimist. Oder sogar der Druide Miraculix, der den Zaubertrank ansetzt. Macht ja auch nichts! Denn die Wirkung spricht für sich, und wenn das Ganze einen noch ein wenig träumen lässt, dann schadet es garantiert nichts. Also schauen Sie in das Glas mit dem Kraut, das (im richtigen Winkel gehalten) geheimnisvoll funkelt, leicht golden. Es schmeckt etwas bitter und süß zugleich. Und hätte genau so auch schon in der Küche des Klosters von Hildegard von Bingen stehen können. Denn die wusste bereits, also vor über 900 Jahren, um die stärkende Wirkung von Petersilie. Tatsächlich enthält das Kraut, einst von Benediktinermönchen nach Mitteleuropa gebracht, viel Vitamin C und E, stärkt Herz und Kreislauf. Hildegard von Bingen gab Wein und Honig dazu und braute daraus ein Herz-Tonikum. Offensichtlich so erfolgreich, dass sich die Rezeptur bis heute gehalten hat.

Studien haben ergeben, dass kranke Menschen, die auf einen Garten oder eine üppig grüne Landschaft blicken, eher genesen, als wenn sie auf eine graue Betonwand starren müssen. Plausibel also, dass man sich wahrscheinlich allein schon dadurch, dass man sich im Garten aufhält, um nach lindernden Kräutern nur Ausschau zu halten, schon zwei Kilogramm Stress loswird. Aber tatsächlich kann man in Beeten und Töpfen Kräuter für jede Stimmungslage und gegen diverseste Zipperlein wachsen lassen. Wenn ich also schon weiß, dass mir der neue Chef auf den Magen schlagen wird, steht in dieser Saison wohl Kamille in der ersten Reihe. Bei Schlaflosigkeit könnten Sie es mal mit Zitronenverbene versuchen. Der Sud der Brennnessel hilft gegen Rheuma. Und wenn Sie zum ersten Mal ein Hochbeet bauen – Ringelblumensalbe hilft bei Stauchungen, Quetschungen und ähnlichen DIY-Verletzungen. Welch tolle Vorstellung: Im Garten nicht nur Blütenpracht und Früchtespektakel, sondern sogar ein eigenes Erste-Hilfe-Beet!

Der eigene Garten als Quelle für natürlich wirkende Elixiere.

Im Sommer können Sie die Blätter trocknen, an denen Sie dann an einem nass-kalten Herbstabend Ihre Freude haben werden, wenn Sie daraus einen Tee, Ihre eigene Tee-Mischung um präzise zu sein, machen. Und es muss ja nicht immer darum gehen, das Üble auszutreiben, manchmal kann man ja auch einfach das Gute noch ein bisschen besser machen. Durch Badezusätze, Cremes und Körperöle. Tipps dazu gibt es jede Menge, aber das richtige Alchimisten-Feeling bekommen Sie natürlich nur, wenn Sie Ihr eigenes Kräutersüppchen köcheln lassen. Spaß macht's und, nicht von der Hand zu weisen, jedes Heilmittel ist dadurch entstanden, dass einer einfach mal was ausprobiert hat …

GUTES AUS DEM HEILPFLANZENGARTEN

KAMILLENAUFLAGE

Gegen Bauchschmerzen und allerlei Beschwerden hilft die Kamille.

AUF SEITE 103

SALBEN HERSTELLEN

Kräutersalben pflegen, schützen und heilen, und sie können selbst zubereitet werden.

AUF SEITE 74

HAARSPÜLUNG

An meine Haare lasse ich nur Wasser und Kräuter – schön sehen sie aus.

AUF SEITE 75

WISSEN,

WIE ES GEHT

NICHTS LEICHTER ALS DILL!

Beim Gärtnern macht eigentlich alles Freude. Von der sorgfältigen Auswahl dessen, was wachsen soll, über die handfeste Buddelei bis zur Krönung, der Ernte. Und noch schöner ist es natürlich, wenn man es richtigmacht. Denn so sehr man aus Fehlern lernt, ein paar davon kann man sich wirklich sparen.

Auf den nächsten Seiten erfahren Sie, wie Sie sicher auf Ihrem Weg zum Kräutergarten vorgehen. Und ein paar Fakten, Hintergründe, Anekdoten und Tipps, an denen Sie sicher auch Ihre Freude haben werden. Oder die vielleicht Inspiration für Neues sind!

KRÄUTER-WELT

Die beliebtesten Küchenkräuter der Deutschen sind Petersilie, Basilikum, Schnittlauch, Kresse und Dill.

Kräuter sind wunderbar. Ob heimische Pflanzen oder solche aus weit entfernten Gegenden dieser Welt – sie sind gesund, aromatisch und nützlich, und sie finden auf dem kleinsten Fensterbrett genauso einen Platz wie im größten Garten.

An Vielseitigkeit sind die Kräuter wohl kaum zu übertreffen: Sie können selbst einfache Speisen zu besonderen Geschmackserlebnissen machen und helfen uns, mit ihren wertvollen Inhaltsstoffen gesund zu bleiben. Viele Kräuter verströmen schon beim Vorbeigehen, oder aber wenn man nur leicht über die Blätter streicht, einen ganz typischen einzigartigen Duft, der – ja man kann es nicht anders sagen – glücklich macht. Kräuter sind keine Neuentdeckung unserer Tage. Schon vor Tausenden von Jahren nutzten die Menschen rund um den Globus verschiedenste Pflanzen zum Würzen, zum Heilen und auch als Zaubermittel. Kräuter haben also eine richtig lange Tradition. Neben den klassischen Kräutern, wie Petersilie und Schnittlauch, stehen neuerdings auch Wildpflanzen, wie Löwenzahn und Knoblauchsrauke wieder auf dem Speiseplan. Und es gibt jede Menge neue Arten und Sorten, die mit tollen Aromen aufwarten. Von Ananas-Salbei bis Zitronenverbene können Sie im Garten, auf dem Balkon oder der Fensterbank alles ausprobieren, was Ihnen Freude macht.

Im Wandel der Zeit

Die Vielseitigkeit in der Nutzung und der herrliche Duft von Kräutern waren schon im Alten Ägypten, also vor mehreren Tausend Jahren, beliebt. Außerdem sprach man verschiedenen Pflanzen mystische Kräfte zu und verwendete sie für so manchen guten und weniger guten Zauber. Die Geschichte der Kräuter und Gewürze ist ein spannendes Thema und gibt allerlei Aufschluss über Pflanzen und Menschen der damaligen Zeit. In Europa ist die Geschichte der Kräuter eng mit der Geschichte der Klöster verbunden, in deren Gärten hauptsächlich Heilkräuter wuchsen und aus denen Salben, Tee und andere Heilmittel zubereitet wurden.

VON GROSSEN UND KLEINEN GÄRTEN

Von den Klostergärten ausgehend verbreiteten sich die Kräuter zunächst in den Bauerngärten. Die Bäuerinnen legten ihre Kräuterbeete häufig nach dem Vorbild der Klostergärten an, die kreuzförmig aufgeteilt waren, mit einem Rondell in der Mitte. Stand bei den Mönchen vor allem die Heilwirkung der Pflanzen im Vordergrund, so war unter der Bevölkerung doch auch der nährende und würzende Aspekt von nicht geringer Bedeutung. Egal ob großer Bauern- oder kleiner Schrebergarten, Kräuter durften nicht fehlen.

Viele Kräuter können getrocknet und auf diese Weise haltbar gemacht werden. Als Gewürze, für Tees oder Duftsäckchen können sie so verwendet werden. Bewahren Sie das Trockengut in Dosen, gut verschlossen, an einem kühlen Ort auf.

Von Rosmarin kann man gar nicht genug bekommen. Ein paar frische Blättchen, zwischen den Fingern leicht zerrieben, offenbaren den herrlichen Duft und machen gute Laune. Sie sollten eine Pflanze immer in der Nähe haben.

In unserer heutigen Zeit können wir beinahe alle Lebensmittel kaufen, Kräuter und Gewürze aus den entferntesten Regionen dieser Erde stehen im Supermarkt genauso zur Verfügung wie im Delikatessladen. Und trotzdem oder vielleicht gerade deswegen ist es etwas ganz Besonderes, Kräuter selbst zu ziehen. Die Blätter und Blüten aus eigener Anzucht sind frischer als gekaufte Ware, und das ist alleine schon geschmacklich ein großer Pluspunkt, aber es ist auch dieses Gefühl von Erde, von Leben und Achtsamkeit, das Kräuter-Gärtnerinnen und -Gärtner umtreibt und glücklich macht. Und das ist das Schöne am Kräutergarten: Er passt auf die kleinste Fensterbank, auf den Stadtbalkon und in den großen Landgarten. Er kann aus einer, zwei oder vielen Pflanzen bestehen, je nachdem wie viel Platz zur Verfügung steht. Heute muss ein Garten auch nicht mehr unbedingt aus einem Stückchen Land bestehen, es gibt Hochbeete, Kräuterspiralen und spezielle Töpfe, die den Anbau leicht und unkompliziert machen.

VOM ERNTEN UND GENIESSEN

Es beginnt schon mit der Aussaat, dem Pflanzen, dem Hegen und Pflegen, doch der Höhepunkt, das Schönste am Gärtnern ist das Ernten. Wenn die Blätter und Blüten der üppig gewachsenen Pflanzen geerntet werden, ist das solch eine befriedigende und erfüllende Erfahrung, wie es kaum eine andere Tätigkeit zu vermitteln vermag.

Was Kräuter alles können

Bevor es ins Detail geht und die vielen guten Vorzüge von Kräutern sich offenbaren, muss erst einmal geklärt werden: Was sind eigentlich Kräuter und was sind Gewürze? Landläufig hat sich der Begriff Kräuter für alle heilkräftigen, würzenden und auch duftenden Pflanzen etabliert. Und auch die Nutzung ist ausschlaggebend für den Begriff, das heißt bei Kräutern werden die frischen Blätter, Triebe und Blüten verwendet, bei Gewürzen dagegen die getrockneten Pflanzenteile. Mit Gewürzen werden Gerichte schmackhaft gemacht, sie werden meist nur gering dosiert, aus Kräutern kann man auch Suppen und Salate kreieren, sie können zum Kochen und Backen verwendet werden. Das erklärt dann auch, warum so manches Kraut auch ein Gewürz ist, oder besser gesagt ein Würzkraut, denn in geringen Mengen zum Essen dazugegeben dient das Kraut zum Würzen. Im Deutschen Lebensmittelbuch, herausgegeben vom Bundesministerium für Ernährung und Landwirtschaft (BMEL), findet man die genaue Definition: „Gewürze sind Blüten, Früchte, Knospen, Samen, Rinden, Wurzeln, Wurzelstöcke, Zwiebeln oder Teile davon, meist in getrockneter Form. Kräuter sind frische oder getrocknete Blätter, Blüten, Sprosse oder Teile davon.“ Und damit ist der Weg zum Gemüse als Kraut nicht weit, denn mit Knoblauch, Chili und Zwiebeln wird ebenfalls gewürzt. Diese Begrifflichkeiten sind vielleicht etwas verwirrend, sind aber doch zugleich ein Hinweis auf die Vielfalt der Verwendungsmöglichkeiten und Inhaltsstoffe.

DIE INNEREN WERTE DER KRÄUTER

Es sind vor allem die ätherischen Öle, die Kräuter so interessant machen, denn diese sekundären Pflanzenstoffe mit ihrem starken Duft oder dem scharfen Geschmack verleihen dem Kraut sein typisches Aroma. Auch Alkaloide, Harze, Bitter-, Gerb- und Schleimstoffe, organische Säuren, Mineralstoffe und Vitamine sind in den Pflanzen in mehr oder weniger hoher Konzentration enthalten. Die Menge der einzelnen und das Zusammenspiel aller Inhaltsstoffe sind bei jedem Kraut individuell verschieden und prägen somit seinen Charakter.

Das ganze theoretische Wissen ist für die Praxis nicht unwichtig, denn beim Ernten geht es darum, die richtigen Pflanzenteile auszuwählen, damit Geschmack und Inhaltsstoffe auf höchstem Niveau sind. Bei Minzen und Melisse sind vor allem die Blätter inhaltsreich, bei Kamille und Ringelblume sind es die Blüten und beim Knoblauch sind die Zwiebeln besonders aromatisch und angefüllt mit gesunden Wirkstoffen. Im Grunde genommen sind fast alle Kräuter, die wir zum Kochen, Backen und Würzen verwenden, auch Heilkräuter, die uns auf die eine oder andere Weise guttun.

Damit Kräuter schnell und jederzeit zur Hand sind, sollte ein Kräuterbeet möglichst nah am Haus und einem Sitzplatz angelegt werden. So können Sie jederzeit frische Würzkräuter für die Küche holen, den Duft der Kräuter genießen und Schmetterlinge, Bienen & Co. beobachten, die sich an den Blüten laben.

Kräuter im Garten, auf dem Balkon oder dem Fensterbrett selbst zu kultivieren, hat viele nützliche Aspekte. Es ist eine befriedigende Arbeit, das kann gar nicht oft genug betont werden, darüber hinaus garantiert der Eigenanbau aber auch absolute Frische, die selbst der Bioladen um die Ecke kaum liefern kann. Und alles, was die Pflanze bekommt, geht durch die eigenen Hände. Bei der eigenen kleinen Kräuterproduktion müssen keine unnötigen Dünger oder synthetischen Pflanzenschutzmittel verwendet werden, damit die Pflanzen reichen Ertrag bringen.

KRÄUTER UND IHRE VERWENDUNG

Klassischerweise werden Kräuter wie Petersilie und Schnittlauch zum Würzen, für Quark und den Salat oder als Garnierung eingesetzt. Blütensalate, Bärlauch-Quiches und jede Menge anderer Gerichte lassen sich mit Kräutern zaubern, man denke nur an die Mozzarella-Tomaten-Kreation mit Basilikum. Über das Essen hinaus gibt es aber noch jede Menge anderer Einsatzbereiche. Die guten Wirkstoffe der Kräuter lassen sich beispielsweise in Ölen und Essig *konservieren* AUF SEITE 73, *Pflegeprodukte* aus Kräutern wie Lavendel, Ringelblume und Rosmarin können selbst hergestellt werden, genauso wie der eine oder andere Tee bei Erkältung oder Magen-Darm-Beschwerden AUF SEITE 49.

Kräuter helfen aber nicht nur uns Menschen, sie können auch beim Gärtnern eingesetzt werden, denn eine Jauche aus Zwiebelschalen kann beispielsweise Pilzkrankheiten eindämmen, und in Kamillenblütentee eingelegte Samen keimen besser.

Unerwähnt sollte auch nicht die Zauberkraft von Kräutern bleiben, die den Pflanzen früher – von manchen heute noch – zugeschrieben wurde. Eine schöne Legende rankt sich in diesem Zusammenhang um Karl den Großen, in dessen fränkischem Reich die Pest wütete. Im Traum erhielt er den Rat, einen Pfeil in die Luft zu schießen, beim Herunterfallen würde dieser dann eine Pflanze durchbohren, die als Mittel gegen die Pest eingesetzt werden könnte. Der Pfeil traf auf die Golddistel (*Carlina vulgaris*), die eigentlich gar keine Heilkraft besitzt, doch die Legende sagt, dass dank der Golddistel die Pest ein Ende nahm.

Frühling, Sommer und Herbst – die Erntezeit variiert je nach Kraut, es sollte aber immer ein trockener eher bedeckter Tag sein, an dem zur Schere gegriffen wird. Am Vormittag, wenn der Tau von den Blättern getrocknet ist, ist die höchste Konzentration an Inhaltsstoffen vorhanden; das sollten Sie nutzen.

BIOLOGISCHER PFLANZENSCHUTZ

Dass die Natur beinahe alles bereithält, was wir zum Leben brauchen, wird bei dem Überangebot des Handels viel zu oft vergessen. Und dass Pflanzen in der Lage sind, sich gegenseitig zu schützen oder Inhaltsstoffe zu liefern, die Schaderreger vertreiben, könnte zu einem philosophischen Diskurs herhalten, und zwar darüber, wie wunderbar doch diese Welt geschaffen wurde. Kräuter sind dafür ein Paradebeispiel – in ihrer Vielseitigkeit und stofflichen Zusammensetzung sind sie nämlich unschlagbar.

Wer genug Platz im Garten hat, kann Wermut pflanzen. Ein Tee aus Blättern und Blüten hilft gut gegen Ameisen. Einfach den Tee unverdünnt über die lästigen Krabbeltiere gießen. Bei Brombeermilben, die die Ernte gefährden können, wirkt der auf die Pflanzen gesprühte Tee ebenfalls sehr gut. Bekannter als der Wermut ist die Brennnessel AUF SEITE 90. Ein *Kaltauszug* aus den Blättern REZEPT AUF SEITE 55 vertreibt Blattläuse und ist außerdem ein guter Stickstoffdünger.

Es gibt noch viele Beispiele dafür, wie Kräuter im biologischen Pflanzenschutz eingesetzt werden können. Die eigenen Pflanzen im Garten, auf Balkon und Terrasse ganzheitlich und ökologisch zu pflegen und zu schützen, macht ein wenig Arbeit, doch es ist ein kleiner Beitrag zur Bewahrung der Umwelt.

Zauberhafte Kräuter und Blüten

Pflanzen mit Zauberei zu verbinden, das ist uns heute weitgehend fremd, obwohl das Interesse an Zauberpflanzen und deren Faszination wieder zunimmt. Räuchern war bis vor einigen Jahren noch ziemlich unbekannt, heute kann man in Kursen oder aus Büchern lernen, welche Pflanzen zu welchem Anlass geräuchert werden. In vorchristlichen Zeiten, als es noch keine Wissenschaft der Biologie und Biochemie gab, war das anders. Allein das Leben von Pflanzen, deren jahreszeitlicher Wandel war rätselhaft und mysteriös. Und so glaubten die Menschen noch im Mittelalter, dass Pflanzen geheime Kräfte innewohnten oder sie aber Verbindung mit geheimen Mächten hätten. Auch eine ganze Reihe von heute bekannten Kräutern galten als Zauberpflanzen, beispielsweise Bärlauch, Brennnessel, Johanniskräuter und Salbei.

LÖWENZAHN-WETTPUSTEN

Einfach kräftig pusten, dann hat die Pusteblume beinahe seherische Kräfte. Gelingt es nämlich einem Kind, alle zarten Schirmchen wegzupusten, dann wird es ein glückliches Leben führen. Und das Gänseblümchen hilft dabei herauszufinden, ob man geliebt wird oder nicht. Dazu werden die Blütenblättchen einzeln vom Blütenboden abgezupft. „Er liebt mich, er liebt mich nicht…"

MYSTISCHE KRÄFTE

Besondere Kräfte trauten die Menschen im Mittelalter und noch früher Pflanzen zu, die ein außergewöhnliches Erscheinungsbild hatten oder an ungewöhnlichen Orten wuchsen. Der Bärlauch galt den Germanen als heilige Pflanze, verkörperte sie doch den von ihnen sehr verehrten Bären. Die Brennnessel war dem Gewittergott Donar zugeordnet und galt als typisches Zauberkraut, um den Blitzschlag abzuwehren.

Ein besonders wichtiges Zauberkraut war das *Johanniskraut* AUF SEITE 100. Kelten und Germanen verwendeten das Kraut bei Sonnwendfeiern. Sie wanden sich Gürtel aus den blühenden Stängeln, die später ins Feuer geworfen wurden. In den *Kräuterbuschen* AUF SEITE 101, die zu Mariä Himmelfahrt gebunden werden, spielt Johanniskraut noch heute eine Rolle.

DIE MAGIE VON SALBEI UND ROSMARIN

Einer Legende zufolge, bot der Salbei Mutter Maria mit dem Jesuskinde Schutz, als sie vor den Gefolgsleuten von König Herodes fliehen musste. Aus Dankbarkeit gab sie der Blume ein Versprechen: „Von nun an bis in alle Ewigkeit wirst du eine Lieblingsblume der Menschen sein. Ich gebe dir Kraft, die Menschen zu heilen von jeder Krankheit; errette sie vom Tode, wie du es auch an mir getan hast." Seither erfreut sich der Salbei größter Wertschöpfung. Doch schon in vorbiblischer Zeit war der Salbei ein Mittel zur Unsterblichkeit, wahrscheinlich, weil seine Blätter auch im Winter grün bleiben.

Bis heute hat sich der Brauch gehalten, Männern bei der Hochzeit Rosmarinzweige ins Knopfloch zu stecken. Sein Duft schärft das Gedächtnis und lässt die Männer nicht vergessen, dass sie verheiratet sind. Und wer wissen will, ob die Ehe gut und glücklich wird, der sollte versuchen, die Rosmarinzweige nach der Hochzeit zu bewurzeln und auszupflanzen. Wenn das Kraut gedeiht, dann wird auch die Ehe gut werden.

KRÄUTERBLÜTEN

Schon Anfang bis Mitte des letzten Jahrhunderts wurden Blüten in der Küche verwendet. Kandierte Veilchen oder Rosenblütenblätter sind noch heute eine Delikatesse, mit Ringelblumen färbte man Butter, Soßen und Suppen schön gelb. Und haben Sie in Ihrer Kindheit auch einmal Kleeblüten ausgesaugt und den süßen Geschmack genossen? Doch als es dann künstliche Farbstoffe gab, wurden die alten Techniken kaum noch genutzt. Heute erfährt die Blütenküche wieder eine Renaissance, vor allem Kräuterblüten werden gerne verwendet. Und das ist gut, denn auch Blüten sind gesund und enthalten viele Nährstoffe. Bärlauchblüten werden von Mai bis Juni gesammelt und schmecken gut im Pesto, Boretschblüten stehen von Mai bis in den Oktober zur Verfügung. Zum Verzieren, für Salat, Quark, Bowle und Kräuteressig eignen sie sich sehr gut. Sehr lecker und leuchtend gelb bis orange sind die Blüten der *Ringelblume* AUF SEITE 130. Ein Tee daraus schmeckt gut, die Blüten können aber auch zum Dekorieren verwendet werden oder für eine Salbe. Lecker sind außerdem die Blüten von Dill, Pfefferminze, Schnittlauch, Veilchen und Gänseblümchen. Und die größeren Blüten der Kapuzinerkresse mit ihrem nussig-scharfen Geschmack lassen sich sogar füllen, z. B. mit einer Frischkäsecreme.

DER RICHTIGE ZEITPUNKT

Allzu lange halten sich Blüten nicht, deshalb sollten sie erst kurz vor dem Essen gepflückt werden. Da bietet es sich an, einen Blumenkasten mit essbaren Blütenpflanzen auf den Balkon zu stellen oder zusammen mit den Kindern ein Beet mit essbaren Blütenpflanzen anzulegen. Das macht nicht nur den Kleinen Spaß, sondern erfreut auch Bienen, Hummeln und Schmetterlinge.

Wer die Blüten nicht gleich zur Hand hat, der kann sich mit einem Trick behelfen: Legen Sie die gesammelten Blüten in ein Gefäß mit Wasser und Eiswürfeln. So bleiben die Blüten einige Stunden frisch. Zum Haltbarmachen können Kräuterblüten auch getrocknet werden. Ringelblumen behalten ihre leuchtende Farbe und können so auch im Winter den Sommer auf den Teller zaubern. Einfach über Salate, Suppen oder Nachspeisen streuen.

KRÄUTERBLÜTENSALAT

Das Rezept ist ausreichend für 4 Personen.

1	Kopfsalat
1 Stängel	Pfefferminze mit Blüten
1 Stängel	Dill mit Blüten
1 TL	frisch gehackte Schnittlauchblüten
1	Salatgurke
2 EL	Balsamicoessig
2 EL	Sonnenblumenöl
	Salz, Pfeffer, eine Prise Zucker
1 Handvoll	Kräuterblüten, z. B. von Kapuzinerkresse, Ringelblume, Borretsch, Gänseblümchen
1 EL	Sonnenblumenkerne

EXPERIMENTIEREN SIE MIT IHRER BLÜTENERNTE. SIE WERDEN MERKEN, WIE BUNT UND ABWECHSLUNGSREICH IHR TELLER AUSSEHEN KANN.

1
Kopfsalat putzen, in Blätter zerlegen und in kaltem Wasser säubern. Abtropfen lassen, trocken tupfen. In mundgerechte Stücke zupfen.

2
Pfefferminze und Dill waschen, trocken tupfen und fein hacken. Die Salatgurke waschen, schälen und in feine Scheiben schneiden.

3
Salat, Pfefferminze, Dill, Schnittlauchblüten und Gurkenscheiben locker vermengen.

4
Aus Essig, Öl, Salz, Pfeffer und Zucker eine Marinade herstellen, mit dem Salat vermischen.

5
Mit den gesäuberten Blüten und Sonnenblumenkernen garnieren.

Für Körper und Geist

Eine klare Grenze zwischen Heil- und Küchenkräutern zu ziehen, ist kaum möglich, denn jedes Kraut hat durch seine wertvollen Inhaltsstoffe fast immer auch eine gesundheitsfördernde beziehungsweise heilende Wirkung. Wenn es einen Salat mit Schnittlauch, Petersilie und anderen Kräutern zum Essen gibt, dann tun wir damit dem Organismus etwas Gutes. Vor allem, wenn die Zutaten aus eigenem Anbau stammen. Und das gilt auch für ganz klassische Würzkräuter wie Basilikum, Thymian und Bohnenkraut, die schon in kleinen Mengen positiv auf die Gesundheit wirken.

Kamille ist dagegen eine ganz klassische Heilpflanze; den Kamillentee bei Magen-Darm-Beschwerden hat wohl jeder schon einmal verabreicht bekommen. In der Küche wird die Kamille dagegen sehr selten verwendet, wahrscheinlich weil sie immer mit Kranksein in Verbindung gebracht wird. Anders ist das bei der *Pfefferminze* AUF SEITE 122. Der Tee ist gekühlt eine herrliche Erfrischung, frische Minzeblättchen schmecken zu vielen Desserts, aber auch im Salat oder zur Marokkanischen Linsensuppe AUF SEITE 109. Bei Magen-Darm-Problemen oder Husten kann sie aber auch heilend wirken und Beschwerden lindern.

KRÄUTER FÜR DIE HAUSAPOTHEKE

Im Garten, auf dem Balkon oder dem Fensterbrett sind Kräuter mit milden Heilwirkungen, die das Immunsystem stärken, das Wohlbefinden fördern, Krankheiten vorbeugen und lindern, genau richtig. Das Gute an Kräutern ist vor allem: Es gibt (fast) keine Nebenwirkungen. Über einen längeren Zeitraum sollten Heilkräuter aber nicht eingenommen werden. Bei Beschwerden ist der Gang zum Arzt allemal erstes Gebot. Wenn der Hals kratzt, es im Bauch zwickt oder das Einschlafen mal nicht so recht klappen will, dann kann ein Tee aus frischen oder getrockneten Kräutern aber sehr gut helfen.

Möchten Sie sich und Ihre Lieben mit natürlichen Mitteln fit und gesund erhalten und auch für Notfälle wie Verletzungen oder Erkältungskrankheiten etwas im Haus haben, dann können Sie sich eine Natur-Hausapotheke aus selbst gezogenen und geernteten Kräutern zusammenstellen. Es ist ratsam, etwas gegen Hautverletzungen, leichte Verbrennungen und Sonnenbrand, Prellungen und Verstauchungen, Erkältungskrankheiten, Fieber und Erschöpfungszustände vorrätig zu haben. Bei all diesen Problemen können *Kräuter* sanft die Heilung und Besserung des Gesundheitszustands unterstützen. Ob sie getrocknet oder frisch und in Form von Tee, Tinktur, Wein, Essig oder als Salbe verwendet werden, das können Sie AUF SEITE 49 nachlesen. Bei den einzelnen Pflanzenporträts finden Sie immer auch die heilenden Vorzüge der Pflanze und in welcher Form die Blüten und Blätter zubereitet und eingesetzt werden.

ZU VIEL IST ZU VIEL

Manche Kräuter können – im Übermaß genossen – zu gesundheitlichen Beeinträchtigungen führen. Als Beispiel sei Waldmeister genannt. Wer viel Waldmeisterbowle trinkt, wird sicher mit Kopfschmerzen zu kämpfen haben. Schuld daran ist der enthaltene Wirkstoff Cumarin. Auch Borretsch und Sauerampfer verwendet man besser nicht in größeren Mengen.
Am besten nutzen Sie die Vielfalt der Kräuter, denn das lohnt sich geschmacklich und ist gut für Ihr Wohlbefinden.

SCHÖNHEIT MIT KRÄUTERN

Kräuter werden in der Körperpflege schon seit Jahrhunderten genutzt, und es gibt jede Menge Körperpflegeprodukte, die mit Kräutern angereichert sind, allerdings häufig auch mit Konservierungs- und Duftstoffen, die nicht jede Haut verträgt. Da können Cremes, Salben und Badezusätze aus selbst gezogenen Kräutern eine Alternative sein. Es ist außerdem nicht von der Hand zu weisen, dass Wirkstoffe und Aromen aus der Natur nicht nur der Gesundheit, sondern auch unserer Schönheit guttun.

Ringelblume, Rosmarin, Kamille, Lavendel, Melisse und Salbei sind die klassischen „Pflege-Kräuter". Die Ringelblume hat heilende und pflegende Eigenschaften, Rosmarin wirkt durchblutungsfördernd und reinigend, Kamille und Lavendel werden zur Reinigung, Beruhigung und Erfrischung der Haut eingesetzt. Mit seinem wunderbaren Duft wirkt Lavendel auf verschiedenste Weise heilsam auf die Menschen. Gesichtsdampfbäder mit Melisse straffen die Haut und fördern die Durchblutung und Salbei ist bei Akne nützlich, da das Kraut antiseptische Wirkstoffe enthält.

KRÄUTER-HAARPFLEGE

Es gibt verschiedene Möglichkeiten, seinen Haaren etwas Gutes zu tun. Man muss dabei nicht gleich alle Shampoos und Festiger verbannen, obwohl in der Haarpflege verschiedene Produkte Mineralöle auf Erdölbasis, Parabene, Formaldehyd und andere Stoffe enthalten und ein Umschwenken auf Naturkosmetik durchaus überlegenswert ist. Hin und wieder ein „Wohlfühlprogramm" für die Haare mit selbst produzierten Schönmachern aus dem eigenen Garten kann deshalb sicher nicht schaden. Ein noch warmer Tee aus Salbei- oder Rosmarinblättern eignet sich sehr gut als Spülung für dunkle Haare. Bei hellen Haaren empfiehlt sich eine Spülung mit Kamillentee. Gönnen Sie sich doch nach dem Einmassieren ins Haar eine halbe Stunde Pause an einem sonnigen Plätzchen! Blondes Haar wird so nämlich noch etwas aufgehellt. Rosmarin tut auch trockenem Haar gut. Für eine Haarpackung benötigen Sie 1 Rosmarinzweig, 2 EL Olivenöl und 1 Eigelb. Vermengen Sie Olivenöl und Ei und legen Sie den Rosmarinzweig für eine halbe Stunde hinein. Der Zweig wird dann herausgenommen und die Öl-Ei-Masse im nassen Haar verteilt. Nach einer zehnminütigen Einwirkzeit spülen Sie die Packung mit lauwarmem Wasser gründlich aus und waschen die Haare ganz normal. Der Erfolg ist sogleich sichtbar.

Auch Wildkräuter wie die Brennnessel leisten bei der Haarpflege gute Dienste. Die Wirkstoffe fördern das Haarwachstum, wer also unter Haarausfall leidet, kann mit einem Brennnessel-Haarwasser dagegen vorgehen. Zur Herstellung werden 250 g frische, gesäuberte zerhackte Brennnesselwurzeln benötigt, die in 1 Liter Wasser und ½ Liter Weißweinessig eine Stunde lang geköchelt werden. Abseihen, in dunkle Flaschen abfüllen und die Kopfhaut damit ein- bis zweimal in der Woche vor dem Haarewaschen massieren.

KRÄUTER FÜR DIE HAUSAPOTHEKE

Alle Kräuter können Sie im Garten oder im Topf ziehen.

KRAUT	BESCHWERDEN	ANWENDUNG
Kamille	Magen-Darm-Beschwerden	frische oder getrocknete Blüten; als Tee
Johanniskraut	Erschöpfungszustände	frische oder getrocknete Triebbereiche samt Knospen und Blätter; als Tee oder Öl
Lavendel	Schlaflosigkeit	frische oder getrocknete Blüten und Blätter; Lavendelöl
Pfefferminze	Kopfschmerzen	frische oder getrocknete Blätter; als Tee, Öl zum Einreiben
Ringelblume	Wundheilung	frische oder getrocknete Blütenköpfe; als Tee oder Salbe zur äußeren Anwendung
Salbei	Erkältungskrankheiten	getrocknete Blätter; als Tee
Zitronen-Melisse	Blähungen, Bauchschmerzen, Herpes	frische oder getrocknete Blätter; als Tee zur innerlichen und äußerlichen Anwendung

IN DER ANTIKE WURDE JOHANNISKRAUT GEGEN ALLES ANGEWENDET, WAS EINEM SONST ÜBER DEN KOPF WÄCHST: HEXEN, TEUFEL UND MILCHDIEBE.

Wissenswertes über Kräuter

Unter dem Begriff „Kraut" sind verschiedene Pflanzengruppen zusammengefasst, von Ein- und Zweijährigen über Mehrjährige bis hin zu den zwiebelartigen Kräutern. Für die Kultivierung im Garten oder auf dem Balkon ist es nützlich zu wissen, in welche Gruppe ein Kraut gehört, dass gilt für die Pflege der Pflanzen, aber auch, wenn man sich einen kleinen Kräutergarten anlegen will oder die Pflanzen selbst vermehren möchte. Zu Kräutern werden außerdem nicht nur krautig wachsende Pflanzen gezählt wie die Ringelblume, sondern auch Halbsträucher, zu denen beispielsweise Lavendel und Thymian zählen.

EINWANDERUNG ERWÜNSCHT!

Viele Kräuter, die seit Langem in unseren Gärten wachsen, scheint es schon immer in Deutschland gegeben zu haben. Ohne Dill, Petersilie oder Schnittlauch kann man sich die heimische Küche gar nicht vorstellen. Doch in den ersten Jahrhunderten nach Christi Geburt war die Gartenflora lange nicht so bunt und vielfältig wie heute. Während es in China, Indien, Persien, Ägypten und Griechenland schon damals eine hohe Gartenkultur gab, waren deutsche Gärten sehr ärmlich und mit wenigen Arten bestückt. Als die Römer Germanien dann besiegt und besetzt hatten, ihre Villen in Köln, Mainz, Trier und anderswo anlegten, brachten sie auch viele neue Pflanzen mit. Die Globalisierung nahm ihren Lauf und die Gärten wurden üppiger und bunter.

Karl dem Großen lag die Vielfalt der Gärten besonders am Herzen. Er empfahl deshalb in seinem großen Erlass „Capitulare de villis" um 800 n.Chr., welche Pflanzen unbedingt angebaut werden sollten, um eine gesunde Ernährung und medizinische Grundversorgung zu gewährleisten. Auf seiner Liste befanden sich 89 Pflanzen, darunter Blumen, Gemüse, Obstgehölze und Kräuter. Bohnenkraut, Brunnenkresse, Liebstöckel und Petersilie zählten genauso dazu wie Dill, Fenchel und verschiedene Minzen.

Und noch einmal zur Anfangsfrage zurück, ob unsere allbekannten Küchenfreunde Dill, Petersilie und Co. heimisch sind: Ursprünglich stammt der Dill aus Vorderasien, die Petersilie aus dem Mittelmeerraum und beim Schnittlauch weiß man nicht so genau, wo das Ursprungsgebiet eigentlich liegt.

Noch lange bevor Küchenkräuter geerntet werden können, treibt die Knoblauchsrauke aus und liefert zart nach Knoblauch duftende Blättchen. Im Halbschatten auf magerem Boden können Sie die Knoblauchsrauke ansiedeln.

KULTIVIERT ODER WILD?

Die nach und nach „eingewanderten" Pflanzen wurden heimisch und sie wurden vor allem auch züchterisch bearbeitet. Heute gibt es zu den Kräuterarten oft Sorten, die sich besonders für einen Anbau im Topf eignen oder üppiger wachsen oder mit unterschiedlichen Blattfarben aufwarten.

Knoblauchsrauke AUF SEITE 107 und Löwenzahn zählen zu den heimischen Arten, die an Wegrändern, in Gebüschen und vielleicht auch im eigenen Garten wild wachsen. Wildkräuter sind wahre Schätze in Bezug auf ihre Inhaltsstoffe und in so manchen naturnahen Gärten stehen sie ganz ohne unser Zutun zum Ernten bereit.

NATURSCHUTZ

Weil Wildkräuter sehr beliebt sind, wurden Gartensorten gezüchtet, z. B. die Löwenzahnsorten 'Mausers Treib' und 'Krausblättriger Löwenzahn'. Sie sind für Garten und Topf bestens geeignet und bringen eine gute Ernte.

Beim *Bärlauch* AUF SEITE 80 ist das ganz ähnlich wie beim Löwenzahn. Er wächst wild, es gibt aber auch gartentaugliche Sorten und der Anbau lohnt sich in doppelter Hinsicht: Die köstlichen Blätter sind schnell zur Hand und die natürlichen Bärlauchbestände werden geschont. Der Artenrückgang ist nämlich seit Jahren bedenkenswert und viele Pflanzen stehen mittlerweile unter Naturschutz und dürfen gar nicht mehr gesammelt werden. Da ist es nützlich, dass Sorten zur Verfügung stehen, die im Garten oder im Topf gut gedeihen.

Bärlauch können Sie auch im Topf oder im Garten ansiedeln. Er hat es gerne schattig und eher feucht, also ganz wie es seiner Natur entspricht.

EIN- UND ZWEIJÄHRIGE KRÄUTER

Es steckt schon im Namen drin: Die sogenannten einjährigen Kräuter wachsen, gedeihen und vergehen in einem einzigen Jahr. Sie werden jedes Jahr aufs Neue ausgesät und nach einigen Wochen geerntet. Häufig stammen Einjährige aus südlichen warmen Ländern, wie z. B. Basilikum. In ihrer Heimat bestehen die Pflanzen dann als Mehrjährige auch über viele Jahre, in unseren Klimaten mit den kalten Wintern kann Basilikum aber nicht ausharren. Allerdings gibt es neben dem „klassischen" Basilikum noch besondere Arten und Sorten, die kälteverträglicher sind. Einjährig werden auch Ringelblume, Kapuzinerkresse, Garten-Kresse, Dill und Borretsch gezogen. Informationen und eine große Sortenauswahl gibt es in verschiedenen Spezialgärtnereien, die auch im Internet Pflanzen und Samen anbieten.

Die kurze Lebensdauer machen die Pflanzen wett, indem sie viele Samen produzieren. So ist es sehr wahrscheinlich, dass, einmal ausgesät, Borretsch und die Ringelblume jedes Jahr wieder an ganz unterschiedlichen Plätzen im Garten auftauchen und sich ganz von alleine aussäen. Gerade von Ein- und Zweijährigen lassen sich auch gut die Samen ernten und aufbewahren, sodass nicht jedes Jahr wieder Saatgut gekauft werden muss. Einmal damit begonnen kann das Vermehren der Pflanzen beinahe zu einer „Sucht" werden und die Kräuter dann echte „Pflanzenkinder". Zweijährige, zu denen die Petersilie gehört, entwickeln sich von der Saat bis zur Ernte über zwei Jahre. Die Samen werden im Sommer ausgesät, im darauffolgenden Jahr wird dann geerntet.

MEHRJÄHRIGE UND ZWIEBELARTIGE KRÄUTER

Den Grundstock für das Kräuterbeet, die Kräuterspirale und auch für den „mobilen" Topfgarten stellen die mehrjährigen Kräuter dar. Einmal gepflanzt bleiben sie über viele Jahre an Ort und Stelle stehen. Lavendel, Thymian, Pfefferminze, Salbei und Zitronen-Melisse gehören zu dieser Gruppe. Sie müssen geschnitten, ab und zu gedüngt und bei Bedarf gegossen werden, dafür entfällt aber die jährliche Neuaussaat.

Bei einigen Kräutern, wie dem Bohnenkraut gibt es übrigens beides, sowohl eine einjährige als auch eine mehrjährige Art.

Mehrjährige Kräuter müssen nicht nur im Kräuterbeet stehen, sie passen auch in den Gemüsegarten oder das Zierpflanzenbeet. Die Pflanzen sind nämlich nicht nur nützlich, sondern auch dekorativ. Mit der Vermehrung durch Samen ist das bei mehrjährigen Kräutern nicht so einfach wie bei einjährigen. Meist brauchen sie sehr lange zum Keimen, und bis dann eine ausreichende Größe zum Ernten der Blätter und Blüten erreicht ist, dauert es einige Jahre. Gärtnereien, Gartencenter und Spezialanbieter haben schöne Pflanzen im Topf im Angebot, die nur noch gesetzt werden müssen.

Eine Sondergruppe unter den Kräutern nehmen die Zwiebelartigen ein, zu denen der Bärlauch gehört, aber auch Knoblauch und Zwiebel. Sie gehören in die Familie der Zwiebelgewächse, doch Zwiebel und Knoblauch wird je nach Verwendung auch zum Gemüse gezählt.

SÄEN, PFLANZEN, PFLEGEN

Vergessen Sie Fitnessstudio und Urlaub – gehen Sie einfach in den Garten.

Von der Aussaat bis zur Ernte: Kräuter hegen und pflegen ist eine wundervolle Arbeit. Es hat etwas mit Entschleunigung zu tun, mit der Liebe zur Natur und mit dem Wunsch etwas Gutes für Familie, Freunde und sich selbst zu tun.

Vorbei sind die Zeiten, in denen lediglich Petersilie und Schnittlauch im Garten wuchsen, wo Kräuter tiefgefroren oder getrocknet im Supermarkt gekauft wurden und kaum jemand die Vorzüge dieser vielfältigen Pflanzengruppe kannte. Kräuter gedeihen in Töpfen auf dem kleinsten Fensterbrett, auf dem Balkon und im Garten, auf Kräuterspiralen und in Hochbeeten. Erde, Wasser, Licht und Liebe – und ab und zu ein bisschen Pflanzenfutter – mehr braucht man nicht, um Kräuter zum Würzen, für besondere Gerichte, für kosmetische Produkte oder einen schönen Strauß parat zu haben. Die Praxis kommt dann schnell ganz von alleine. Lernen Sie aus Ihren Fehlern („... zu viel Gießen hat noch nie etwas gebracht") und aus Ihren Erfolgen („... gut, dass ich die Pfefferminze nicht in die pralle Sonne gestellt habe!"). Kräuter bringen Urlaubsfeeling in den Alltag, können die schönste Entspannung sein und liefern Zutaten für das Gourmetessen.

Hoch leben die Kräuter!

Angesichts sich häufender Lebensmittelskandale nimmt der Wunsch nach Selbstversorgung zu, doch wer hat schon das große Glück, alle seine Nahrungsmittel selbst produzieren zu können, Hühner zu halten und Kühe, einen großen Gemüsegarten sein Eigen zu nennen und Obst und Wein zu kultivieren. Dazu kommt noch der Zeitfaktor, denn wer hat schon neben der Arbeit so viel Zeit für den Anbau von Obst und Gemüse oder Tierhaltung. Mit Kräutern kann man sich jedoch ganz gut selbst versorgen, die beliebtesten finden allemal einen Platz. Und mit den selbst gezogenen Pflanzen geht man dann auch anders um als mit den gekauften. Nichts wird weggeworfen, jedes Blättchen und jede Blüte liebevoll verwendet und mit Hingabe genossen.

Das Schöne an Kräutern ist, dass die meisten wirklich kaum Platz benötigen. Meist reichen nur wenige Pflanzen, bei Pfefferminze und Liebstöckel sogar nur ein Exemplar, die in kleinen Mengen zum Würzen, für Tees und andere Getränke, für Salate, Suppen und Soßen genommen werden. Selbst angebaut sind die frischen Kräuter immer zur Hand, sie sind auf Balkon, Terrasse und im Garten eine Oase für die Insektenwelt und nicht zuletzt auch noch kostengünstiger als Kräuter aus dem Supermarkt.

Mit Kräutern können Sie sich ein „grünes Zimmer“ im Freien gestalten, ohne dass die Kräuter-Gärtnerei in allzu viel Arbeit ausartet. Die meisten Kräuter stammen nämlich aus mediterranen Gebieten und vertragen Wärme und Trockenheit recht gut. Steht ein Urlaub an, müssen Sie sich nicht extra darum kümmern, dass die Pflanzen gegossen werden. Kräuter kommen schon mal ein, zwei Wochen ohne Sie aus.

Kindern macht es sehr viel Spaß, eigene Kräuter zu hegen und zu pflegen. Und ganz nebenbei lernen sie einen liebevollen Umgang mit Pflanzen und der Natur.

Der Spaß an der Kräuter-Gärtnerei wird Sie höchstwahrscheinlich neugierig machen auf neue Arten und Sorten, die Sie vielleicht noch nicht kennen. Einige wenige Spezialgärtnereien warten mit einer riesigen Auswahl an Kräutern auf. Testen Sie einfach jedes Jahr ein bis zwei neue Arten. In einem Kräuterbüchlein können Sie Ihre Erfahrungen notieren und aufschreiben, wie die Pflanzen gewachsen sind, ob sie viel Ertrag gebracht haben, wie sie schmecken und wie Sie Blätter und Blüten verarbeitet haben. Notieren Sie auch Misserfolge, auch die bringen viele Erkenntnisse!

Was Pflanzen brauchen

Im Grunde genommen ist es ganz einfach: Pflanzen sind Lebewesen, sie haben Grundbedürfnisse wie Tiere und Menschen, sie haben Vorlieben und Abneigungen und ein wenig Zuwendung haben sie auch ganz gerne. Manche Gärtnerinnen und Gärtner glauben sogar, dass ihre Pflanzen besser wachsen, wenn sie mit ihnen reden. Probieren Sie es einfach aus! Aber soweit müssen Sie natürlich nicht unbedingt gehen. Die Kräuter danken es Ihnen allerdings mit einem gutem Wachstum, wenn sie den richtigen Standort haben, die passende Erde und ein wenig Pflanzenfutter bekommen und so viel Wasser, dass es ihnen zum Leben reicht.

Im Allgemeinen werden Kräuter als sehr robust, pflegeleicht und genügsam eingestuft. Viele stammen ursprünglich aus sehr warmen Regionen, lieben einen sonnigen Platz und kommen mit recht wenig Wasser aus. Doch es gibt da schon ein paar Unterschiede, die es letztendlich ausmachen, ob eine Pflanze gut wächst oder ob sie vor sich hin kümmert.

DAS FAMILIEN-KRÄUTERBEET

4 × 3 m misst ein Kräuterbeet, das eine vierköpfige Familie mit Kräutern versorgt. Die Auswahl der Kräuter kann die ganze Familie zusammen treffen, alle können sich an der Pflege und Ernte beteiligen. Ein Beet mit einer ausgewogenen Mischung aus ein- und zweijährigen Kräutern und mehrjährigen Pflanzen ist ideal. Am besten wird das Beet im Herbst gut gelockert und vorbereitet. Toniger, schwerer Boden wird mit Sand und Kompost vermischt, sandige Böden bekommen eine extra Portion Kompost.

WÄHLEN SIE AUS!

Aller Anfang ist leicht und zuerst, noch bevor der passende Platz für die Pflanzen ausgesucht wird, muss die Auswahl getroffen werden. Welche Kräuter werden beinahe täglich in der Küche verwendet? Was essen auch die Kinder gerne? Steht eher die deftige deutsche Küche auf dem Speiseplan, dann passen Borretsch, Dill, Brunnenkresse, Kerbel, Petersilie und Schnittlauch zu Ihnen; wer die leichte mediterrane Küche liebt, ist mit Basilikum, Bohnenkraut, Estragon, Thymian, Rosmarin und Salbei gut beraten. Und für Liebhaber der asiatischen Küche kommen Kräuter wie Wasabi, Petersilie und Zitronengras in Frage. Aber vielleicht möchten Sie auch noch ein paar Ringelblumen kultivieren, um eine Salbe daraus zuzubereiten. Listen Sie alles auf, was Ihnen einfällt – und dann müssen Sie schauen, ob der Platz im Garten ausreicht.

Sie können Ihre Kräuter auch unter einem anderen Aspekt auswählen, nämlich indem Sie „Geschmacksgruppen" zusammenstellen. Rettichartig und ein wenig scharf schmecken z. B. Kapuzinerkresse, Garten-Kresse, Rauken und Wasabi, „zwiebelig" kommen Zwiebeln und Schnittlauch daher, ein süßliches Aroma halten Anis, Fenchel, Dill, Gewürz-Tagetes und die Süßdolde bereit. Wenn Sie es zitronig mögen, dann sollte auf dem Kräuterplan Zitronen-Melisse, Zitronenverbene und Zitronengras stehen.

BODEN UND STANDORT

Wie viele Pflanzen mögen auch Kräuter keinen verdichteten staunassen Boden, allerdings sind die meisten Gartenböden passabel bis sehr gut beschaffen. Sollte der Boden aber sehr tonig und klebrig sein, dann lohnt es sich, Sand und Kompost einzuarbeiten. Die gröberen Sandkörner lassen das Wasser dann besser abfließen, der Kompost schafft eine gute Struktur.

Wo der richtige Platz ist, das liegt vor allem an der Herkunft der Kräuter. Thymian und Rosmarin kommen aus trockenen kargen Gegenden und wachsen auf sandigen und steinigen Böden gut. Der Steingarten ist ein guter Platz für die genügsamen Sonnenanbeter und

auf der *Kräuterspirale* AUF SEITE 62 sind sie ganz weit oben angesiedelt. Estragon, Kapuzinerkresse und Majoran sind an ein gemäßigtes Klima gewöhnt und vertragen humusreichere Böden gut. Die Pfefferminze und die Petersilie halten es im Halbschatten gut aus, wenn der Boden immer ausreichend feucht ist.
Einen sonnigen und trockenen Platz mögen Bohnenkraut, Lavendel, Majoran, Salbei und Thymian. Sonnig soll es auch bei Basilikum, Borretsch, Dill, Estragon, Kapuzinerkresse und Melisse zugehen, aber gleichzeitig benötigen diese Kräuter einen mäßig feuchten Boden. Für den Halbschatten und einen humosen, mäßig feuchten Boden sind Liebstöckel, Petersilie, Pfefferminze und Schnittlauch am besten geeignet.

KRÄUTER PFLEGEN UND SCHÜTZEN

Zur Pflege der Kräuter gehört neben der Bodenlockerung und dem Gießen auch die Versorgung mit Nährstoffen. Viele Kräuter sind zwar recht anspruchslos, aber ohne ein wenig Pflanzenfutter gedeihen sie trotzdem nicht. Man kann sagen, dass Pflanzen, die auf sandigen steinigen Böden gut wachsen, einen geringen Nährstoffbedarf haben, während Pflanzen, die auf humoseren Standorten gut gedeihen, mehr Nährstoffe brauchen. Hungrige Kräuter wie Schnittlauch und Petersilie vertragen Düngerpellets oder Schafwolldünger gut. Alle anderen können mit speziellen Kräuterdüngern oder auch mit Langzeitdüngern versorgt werden. Zur Dosierung sind alle Informationen auf den Verpackungen der Düngemittel angegeben. Pflanzen zu düngen, das ist dann nicht schädlich für die Umwelt, wenn die Vorgaben eingehalten werden. Wird mehr gedüngt als vorgeschrieben, nehmen die Kräuter die Nährstoffe nicht auf. Sie bleiben im Boden und gelangen dann möglicherweise auch ins Grundwasser. Das soll nicht passieren.
Von Schädlingen und Krankheiten werden Kräuter nur selten befallen. Meist treten sie dann auf, wenn die Pflanze sich am Standort nicht wohlfühlt. Wer ein wenig Zeit zur Verfügung hat und Spaß am Experimentieren, der kann eine Pflanzenstärkungsbrühe herstellen und die Kräuter regelmäßig einmal im Monat damit gießen. Die Pflanzen werden es mit einem gesunden Wachstum danken.

PFLANZENSTÄRKUNG AUS DER NATUR

Kräuter helfen Kräutern – die Natur ist einfach phänomenal

ACKERSCHACHTELHALM-BRÜHE

1,5 kg frischer Ackerschachtelhalm oder 200 g getrocknetes Kraut

10 Liter Wasser

Ackerschachtelhalm 24 Stunden im kalten Wasser einweichen. Alles kurz aufkochen, eine Viertelstunde ziehen lassen, dann abgießen. Die Brühe im Verhältnis 1:5 mit Wasser verdünnen und alle zwei bis drei Wochen auf die Blätter und rund um die Pflanze gießen.

BRENNNESSEL-KALTAUSZUG

1 kg frische Brennnesseln

10 Liter Wasser

Brennnesseln 24 Stunden im kalten Wasser einweichen, dann abgießen. Die abgeseihte Flüssigkeit unverdünnt auf die Blätter der zu behandelnden Pflanze sprühen. Die Brennnessel ist ein guter Stickstoffdünger, wirkt kräftigend und kann gegen Blattläuse eingesetzt werden.

RETTEN SIE DIE WELT – WENIGSTENS EIN BISSCHEN: DIE ÖKOLOGISCHEN VORTEILE DER PFLANZENSTÄRKUNG MIT KRÄUTERN SIND UNSCHLAGBAR.

Vom Aussäen und Pflanzen

Endlich kann es losgehen. Die Kräuterauswahl ist getroffen und der nächste Schritt zum Kräuterglück ist die Aussaat oder das Einpflanzen der Kräuter. Wer noch gar keine Erfahrungen mit dem Gärtnern gemacht hat, kann zum Start in der Gärtnerei oder dem Gartencenter schon getopfte Ein-, Zwei- und Mehrjährige kaufen und erste Erfahrungen sammeln. Kommen die Pflanzen ins Kräuterbeet, sollten Sie nicht zu lange mit dem Auspflanzen warten. In den engen Töpfen ist nicht viel Platz für die Wurzeln. Beim *Kräuter-Topfgarten* auf Balkon und Terrasse AUF SEITE 58 ist es ganz wichtig, die gekauften Topfpflanzen möglichst rasch in größere Gefäße umzutopfen.

PAPIERTÖPFE SELBSTGEMACHT

Anzuchttöpfchen können ganz einfach selbst aus Zeitungspapier hergestellt werden. Gerade für größere Samen wie Kapuzinerkresse oder Ringelblume eignen die Töpfchen sich richtig gut. Sogenannte Paper Potter gibt es im Fachhandel im Internet zu kaufen. Der Stempel aus Holz wird mit Papier umwickelt, auf einer Platte wird dann der Boden des Töpfchens festgedrückt und schon kann es befüllt werden. In jedes mit Erde gefüllte Papiertöpfchen wird ein Samenkorn gesteckt. Die Erde sollte nicht austrocknen, dann gedeihen die Pflanzen rasch und können mitsamt dem Papier ausgepflanzt werden.

SO WIRD INS BEET GEPFLANZT

Kräuter im Topf mit einem gut durchwurzelten Erdballen können zwar das ganze Jahr über gepflanzt werden, die beste Zeit dafür ist aber entweder das Frühjahr oder der Herbst. Auch Pflanzen können unter Stresssituationen leiden, und das Einpflanzen an heißen trockenen Tagen im Sommer ist richtig stressig. Gut frostverträgliche Kräuter wie Liebstöckel und Johanniskraut wachsen im Herbst sehr gut an, dann nämlich, wenn es nicht mehr so warm ist und der Boden nicht mehr austrocknet. Mediterrane Kräuter wie Lavendel setzt man dagegen im Frühjahr. Sie kommen mit weniger Wasser aus und haben bis zum ersten Winter noch viele Monate Zeit, gut einzuwurzeln. Eine geeignete Zeit für das Auspflanzen sind trübe, warme Tage; am besten ist der Boden vom letzten Regen noch etwas feucht. Wenn die Kräuter vor dem Pflanzen für ein paar Stunden gewässert werden, sind die Bedingungen zum schnellen Weiterwachsen optimal. Das Erdloch sollte so tief ausgehoben werden, dass der Wurzelstock genauso tief sitzt wie im Topf. Das Kraut einsetzen, mit Erde auffüllen, die Erde gut andrücken und dabei einen kleinen Gießrand formen, damit das Wasser nicht ablaufen kann und beim Gießen direkt an die Wurzeln gelangt. Gerade in der ersten Zeit brauchen neu gesetzte Pflanzen nämlich viel Wasser.

KRÄUTER VORZIEHEN

Vor allem ein- und zweijährige Kräuter, aber auch so manches mehrjährige Kraut kann man gut selbst aussäen. Praktisch für die Aussaat sind Zimmergewächshäuser. Die Schalen werden mit Erde gefüllt, die gut angedrückt wird. Darauf verteilen Sie die Samenkörner. Bei der Keimung gibt es zwei Typen von Pflanzen: die Lichtkeimer und die Dunkelkeimer. Basilikum, Bohnenkraut und Estragon sind Lichtkeimer und das bedeutet, dass sie nicht mit Erde bedeckt werden dürfen, denn sonst keimen die Samen nicht. Streuen Sie über das Saatgut nur wenig Sand, dann sind die Samen etwas geschützt, liegen aber nicht im Dunkeln und die Erde kann beim Gießen nicht so schnell verschlämmen. Die meisten Pflanzen sind allerdings Dunkelkeimer. Die Samen werden einfach mit etwas Erde bedeckt und diese nochmals angedrückt.

Füllen Sie einen Topf mit Aussaaterde. Drücken Sie die Erde leicht an und streuen Sie die Samen aus. Mit etwas Erde bedecken; bei Lichtkeimern kommt nur wenig Sand über die Samen. Dann die Erde mit Wasser besprühen, eine durchsichtige Plastikhaube über den Topf stülpen und warten.

Egal, ob die Samen bei Licht oder Dunkelheit keimen, sie müssen gleich gegossen werden. Bis zum Aufgang darf die Erde nicht mehr austrocknen, denn wenn die Keimung einmal durch Trockenheit unterbrochen wird, sterben die Samen ab. Deshalb wird auch eine hohe Luftfeuchtigkeit bei der Keimung angestrebt. Zimmergewächshäuser verfügen über einen transparenten Deckel mit einer kleinen verschließbaren Klappe, mit dessen Hilfe eine recht hohe Luftfeuchtigkeit erzielt wird. Sobald die ersten Keimblätter erscheinen, öffnen Sie die Klappe und die Pflänzchen bekommen Luft. Sie müssen übrigens kein Zimmergewächshaus haben. Sie können auch in kleinen, mit Erde befüllten Kistchen aussäen und darüber eine Klarsichtfolie spannen. Der Effekt ist derselbe.

Verschiedene einjährige und zweijährige Kräuter können auch an Ort und Stelle in den Garten ausgesät werden. Ziehen Sie auf den vorbereiteten Beeten Saatrillen, in die die Samenkörner hineingelegt werden. Bei sehr kleinen Körnchen ist eine Aussaathilfe – eine flache Plastikdose mit einem spitzen Auslauf, aus dem immer nur ein Samenkorn fällt – nützlich, damit die Samen nicht zu dicht fallen. Das Saatgut wird in der Reihe anschließend mit dem Rechenrücken festgedrückt, alles mit Erde bedeckt und dann wird gegossen.

PIKIEREN

Größere Samenkörner können sehr gut einzeln ausgesät werden, bei kleinen ist das viel schwieriger. Aber auch aus winzig kleinen Körnchen werden große Pflanzen und die brauchen Platz. Wenn die Jungpflanzen sich nach der Aussaat gut entwickelt haben und sich neben den Keimblättern auch zwei bis drei Laubblätter zeigen, dann ist es Zeit zu vereinzeln. Gärtnern sagen pikieren dazu. Ganz vorsichtig werden die zarten Pflänzchen zwischen Daumen und Zeigefinger genommen und mit Hilfe eines Pikierstabes aus der Erde gehoben. Jede Pflanze kommt nun in ein extra Töpfchen, das bereits mit Erde gefüllt ist. Drücken Sie mit dem Pikierstab ein Loch in die Erde und versenken Sie die Wurzeln der Pflanze darin. Sie kann ruhig etwas tiefer stehen als zuvor. Festdrücken, gießen, fertig!

Damit die Jungpflanzen Platz und Licht haben, müssen sie vereinzelt, also pikiert werden. Um die zarten Wurzeln zu schonen, wird mit einem Pikierstab ein Loch in die Erde gemacht und dort hinein die Pflanzenwurzel versenkt. Anschließend gut festdrücken und gießen.

AUSSÄEN SCHRITT FÜR SCHRITT

1

Füllen Sie in ein Kistchen oder ein Zimmergewächshaus Aussaaterde ein. Sie sollte gut angedrückt werden.

2

Verteilen Sie nun das Saatgut auf der Erde.

3

Streuen Sie etwas Erde über die Samenkörner und drücken Sie sie fest. Mit einem Wasserzerstäuber angießen, damit die Erde nicht verschlämmt.

4

Über das Kistchen spannen Sie nun eine durchsichtige Folie, um so die Luftfeuchtigkeit zu erhöhen. Das Zimmergewächshaus wird mit einem Deckel abgedeckt.

Der Topfgarten

Kein Garten – keine Kräuter? Keineswegs. Auch auf Balkon und Terrasse, im Hof oder auf dem Fensterbrett kann man Kräuter anbauen. Selbst wenn ein Garten vorhanden ist, kann ein Kräuter-Topfgarten angelegt werden. In Töpfen, Wannen, Hängeampeln, Pflanzsäcken, ja sogar in alten Metalldosen wachsen und gedeihen Kräuter.

Allerdings muss ganz klar sein: Im Topf sind die Pflanzen viel mehr den Widrigkeiten der Umwelt ausgesetzt als im Gartenboden. Sie haben nur wenig Platz, die Wurzeln können sich kaum ausbreiten und die Erde trocknet viel schneller aus. Wenn das Gießen im Sommer mal vergessen wird, leiden Topfpflanzen darunter viel stärker als Gartenpflanzen.

Der Platz für die Kräuter steht fest, genügend Sonnenschein inklusive, es wird aber nicht zu heiß, und Ihre Auswahl an Lieblingskräutern ist getroffen? Dann kann es losgehen. Beim Einkauf sollten Sie die Kräuter etwas näher betrachten, bevor Sie sich entscheiden. Pflanzen, die offensichtlich schon länger nicht gegossen wurden, deren Wurzelballen ganz verfilzt sind, die verwelkte Blätter aufweisen oder an denen Fraßschäden zu erkennen sind, sollten stehen bleiben. Normalerweise werden Kräuter in 9-cm-Töpfen oder 1- bis 3-Liter-Töpfen angeboten. Egal wie groß das Pflanzgefäß beim Kauf ist, Kräuter sollten baldmöglichst umgetopft werden. Schlechtes Wachstum ohne erkennbare Schäden ist fast immer darauf zurückzuführen, dass nicht umgetopft wurde. Thymian, der sehr genügsam ist und kaum Nährstoffe braucht, gedeiht in einem 7,5-Liter-Topf am besten. Wenn richtig groß werdende Kräuter wie Liebstöckel oder Estragon auf dem Balkon wachsen sollen, werden entsprechend größere Töpfe benötigt.

Wie im Garten können auch auf dem Balkon die Kräuter schön arrangiert und miteinander kombiniert werden. Ganz praktisch und attraktiv sind Kästen oder Töpfe, in denen Gemüse, Kräuter und Blumen zusammen wachsen.

Vorgefertigte Kräutergärten in Quadratform sind praktisch und sehen schön aus. Die kleinen Quadrate können immer wieder nach dem Ernten mit neuen Pflanzen bestückt werden.

Tomaten, Basilikum und Ringelblume – bei dieser Kombination steht dem Tomaten-Mozzarella-Salat mit Basilikum nichts mehr im Wege, verziert wird er mit schönen Ringelblumenblüten. Zitronenverbene kombiniert mit Monats-Erdbeeren liefert die Zutaten für eine erfrischende sommerliche Bowle. Idealerweise kombinieren Sie verschieden hohe Pflanzen miteinander in einem Gefäß und nutzen dabei auch noch die überhängenden Eigenschaften von Bohnenkraut oder Thymian. Gerade im Topfgarten kann so viel experimentiert werden – lassen Sie sich einfach von der Kräuterlust inspirieren.

Bepflanzen Sie einen ausreichend großen Topf mit verschiedenen Kräutern, die die gleichen Bedürfnisse haben, z. B. Lavendel und Salbei. Beide mögen es warm und trocken, so gedeihen sie am besten. Auch Basilikum und Schnittlauch funktionieren gut zusammen.

IN TOP(F)FORM

Bei der Auswahl der Töpfe sind kaum Grenzen gesetzt; lassen Sie Ihrer Fantasie freien Lauf. Das Gefäß sollte ausreichend groß sein, damit sich die Pflanze gut entfalten kann. Einige Samenkörner von Ein- und Zweijährigen, wie Portulak, Petersilie oder Ringelblume können aber auch gut in mit Erde befüllte ausgediente Metalldosen oder Plastikbecher gesät werden. Ein Abzugsloch am Boden sorgt dafür, dass sich keine Staunässe bildet.

Klassisch und natürlich sind Töpfe aus Ton. Es gibt sie in den verschiedensten Größen und Formen, sie können sogar ganz individuell angemalt werden. Vor dem Pflanzen werden Tontöpfe erst einmal gewässert, damit sie sich vollsaugen können. Im Gegensatz zu Plastiktöpfen nimmt der Ton nämlich Wasser auf, und den entzieht er dann den Pflanzen. Nur wenn ein „Sättigungsgrad" erreicht ist, wird kein Wasser mehr von dem Tongefäß aufgenommen. Tontöpfe sind immer mit einem oder mehreren Wasser-Abzugslöchern versehen. Bei allen Töpfen, egal um welches Material es sich handelt, wird über diese Löcher eine Tonscherbe mit der Wölbung nach oben gelegt, damit das Wasser immer abziehen kann und sich die Öffnung nicht mit Erde zusetzt.

Alternativ können die Kräuter auch in Plastiktöpfe gepflanzt werden. Der Vorteil: Das Wasser bleibt, wo es sein soll, nämlich in der Erde und steht den Pflanzenwurzeln zur Verfügung. Tontöpfe verdunsten Wasser, das heißt, an heißen Tagen trocknet die Erde schneller aus als in Plastiktöpfen. Natürlich gibt es auch Plastiktöpfe in allen möglichen Formen, Größen und Farben. Sie sind leicht zu transportieren und sind auch optisch annehmbar.

Neben Töpfen aus echtem Stein und Holz gibt es auch sehr ansprechende Kunststoffgefäße in Stein- oder Betonoptik. Sie passen gut auf moderne Terrassen und Balkone und sind sehr leicht. Seit Urban Gardening die Gartenszene revolutioniert hat, werden für Kräuter alle möglichen Gefäße verwendet, von alten Tetrapacks bis hin zu Olivenölkanistern. Das sieht peppig aus – ob die Pflanzen sich darin aber wohlfühlen und gut wachsen, hängt in erster Linie von der Größe des Gefäßes und den Ansprüchen der Pflanze ab. Wichtig ist auch bei den alternativen Pflanztöpfen ein Wasser-Abzugsloch, damit keine Staunässe entsteht.

Generell gilt: Je mehr Kräuter zusammengestellt werden, umso schöner ist der optische Eindruck. Ein bisschen Platz sollten die Pflanzen aber doch haben, um sich gegenseitig nicht allzu sehr zu bedrängen.

DIE DRITTE DIMENSION

Das Schöne am Kräuter-Topfgarten ist zum einen die „Mobilität" der Pflanzen, denn die Töpfe können immer mal wieder woanders platziert werden, und zum anderen die Möglichkeit, mit *Hanging Baskets* IM KASTEN SEITE 61 und Hängeampeln jeden erdenklichen Platz auszunutzen. Einige Sorten der *Kapuzinerkresse* AUF SEITE 104 sind außerdem ideal für Klettergerüste geeignet. Ein „lebender" Zaun kann auf diese Weise gebaut werden oder ein Sichtschutz zum Nachbarn, von dem dann beide Seiten profitieren.

Bei einem Kräuter-Topfgarten im Innenhof oder vor dem Haus macht es sich schön, wenn Kräuter wie Thymian, Lavendel, Duft-Pelargonien und Rosmarin die Treppenstufen zum Eingang zieren. Beim Hineingehen ins Haus kann man sanft über die Pflanzen streichen und deren Duft einatmen oder sich abends auf die Treppe setzen und im Kräuterduft schwelgen. Oder Sie versuchen es mit einer *bepflanzten Palette* AUF SEITE 65 oder den *gestapelten Töpfen* AUF SEITE 133 – beides platzsparend und dekorativ.

Ob im Hof, auf Balkon oder Terrasse, es sieht schön aus, wenn mehrere Töpfe in verschiedenen Größen zu einem harmonischen Topfgarten arrangiert werden. Das „Gartenbild" ist stimmig, wenn die Töpfe unterschiedlich groß und aus verschiedenen Materialien sind.

Steht weniger Platz zur Verfügung, sollten Sie die dritte Dimension nutzen und Ihre Kräutertöpfe aufhängen. Wie wäre es mit alten Emailletöpfen in unterschiedlichen Größen, die übereinander angeordnet sind?

PFLANZEN UND PFLEGEN

Kräuter, die in Töpfe, Kübel, Kästen, Container oder Säcke gepflanzt werden, benötigen für ein gutes Wachstum die richtige Erde, die verschiedene Aufgaben erfüllen muss: Sie sollte den Pflanzen Halt geben, sie mit Nährstoffen versorgen, durchlässig für Wasser und Luft sein und gleichzeitig Wasser speichern können. Im Handel gibt es spezielle Kräutererde, die den Ansprüchen der meisten Kräuter gerecht wird und mit wichtigen Nährstoffen angereichert ist, ohne zu hoch dosiert zu sein. Sie können aber auch gute Pflanzerde verwenden, die Sie vielleicht sowieso schon für Blumen und Gemüse gekauft haben und diese dann für die Kräuter mit etwas Sand oder feinem Kies mischen. Die Erde wird dadurch lockerer und zugleich abgemagert, wie der Profi sagt. Das heißt, die vorhandene Nährstoffkonzentration wird gemindert – für Kräuter dann genau richtig.

Erde für die Kräuter kann aber auch komplett selbst gemischt werden. Wer glücklicher Besitzer eines Gartens ist und selbst kompostiert, hat es besonders einfach, denn Kompost ist ein Hauptbestandteil der eigens für die Kräuter gemischten Erde. Kompost kann aber auch auf Baustoffhöfen oder in Kompostwerken gekauft werden. Wichtig: Es darf kein Unkrautsamen enthalten sein. Sie benötigen für selbst gemischte Erde ein Drittel Kompost, ein Drittel Gartenerde und ein Drittel Zusatzstoffe, z. B. feiner Kies, Sand oder zerkleinerte Tonscherben.
Beim Pflanzen der Kräuter wird zunächst etwas Erde in die vorgesehenen Töpfe gegeben, dann die Pflanze eingesetzt, mit Erde aufgefüllt und angedrückt, damit die Wurzeln gut eingebettet sind. Anschließend wird angegossen – fertig!

WENN KRÄUTER KRANK WERDEN

Kräuter sind ziemlich robust, dennoch kann es vorkommen, dass sich mit einem Mal die Blätter zusammenrollen, sich rostige oder weiße schimmelige Flecken auf den Blättern bilden oder dass Spinnmilben, weiße Fliegen oder ähnliche Schädlinge den Pflanzen zusetzen. Zunächst einmal sollten die betroffenen Pflanzen bei einem Befall isoliert werden, damit die Schädlinge oder pilzlichen Erreger nicht auch noch andere Pflanzen befallen. Meist hilft es, die geschädigten Blätter, Knospen, Blüten oder Triebe abzuzwicken und zu entsorgen. Auch *Pflanzenstärkungsmittel* AUF SEITE 55 oder Brühen und Jauchen aus Pflanzen können einen Befall reduzieren oder besser noch vorbeugend wirken. Die beste Vorbeugung gegen Krankheiten und Schädlinge ist allerdings die richtige Standortwahl. Wenn ein Kraut Zugluft nicht verträgt und ein geschütztes Plätzchen bevorzugt, dann wird es an einer zugigen Ecke ganz sicher krank werden. Ist der Befall zu stark, dann sollten Sie die Pflanze im Hausmüll entsorgen. Zu einer der häufigsten Krankheiten an Kräutern zählt der Mehltau. Es handelt sich um einen Pilz, der sich unter bestimmten Bedingungen rasant vermehrt. Man erkennt ihn leicht an dem mehligen Belag, den er auf den Blättern und auch Blüten hervorruft. Zwei Arten werden beim Mehltau unterschieden, der Echte und der Falsche. Echter Mehltau tritt nur an der Blattoberseite auf, außerdem an Stängeln und Blüten, und er liebt trockenes, warmes Wetter. Der Falsche Mehltau breitet sich auf der Blattunterseite aus, ist ziemlich hartnäckig und bevorzugt fechtwarmes Wetter. Tritt Mehltau an einem Kraut auf, dann entfernen Sie alle befallenen Blätter.

HANGING BASKETS BEPFLANZEN

Hanging baskets – zu Deutsch hängende Körbe – stammen aus dem Gartenparadies England. Die Gitterkörbe aus Metall oder Kunststoff sind zwar vergleichbar mit unseren Blumenampeln, vom Aufbau und den Bepflanzungsmöglichkeiten aber vielseitiger. Mit Hanging Baskets kann man wahre Kräuterkugeln bepflanzen, denn der Platz im Pflanzkorb wird optimal ausgenutzt.

HANGING BASKETS

Pflanzen Sie sich eine hängende Kräuterkugel

1
Gitterkorb auskleiden
Der Korb wird als erstes mit einem Stück Folie am Boden ausgelegt und dann mit natürlichem Material ausgekleidet, z. B. Moos oder Kokosmatte. Stechen Sie mit einer Stricknadel oder einem Nagel einige Löcher in die Folie, damit Restwasser ablaufen kann.

2
Bepflanzen
Die Seiten werden mit buschig wachsenden bis hängenden Kräutern bepflanzt. Dazu schneidet man die Kokosmatte kreuzförmig auf und drückt den Wurzelballen durch die Matte. Wird Moos verwendet, kann das einfach nur etwas auseinandergezogen werden.

3
Erde einfüllen
Ist die seitliche Bepflanzung fertig, wird Erde aufgefüllt. Verwenden Sie Kräutererde, die mit Blähton vermischt wird. Die Kügelchen speichern Wasser sehr gut und geben es dann an die Pflanzen ab.

4
Pflege
Wässern Sie regelmäßig. Am besten steht unter der Kräuterkugel ein anderer Kräutertopf, in den eventuell auslaufendes Wasser tropfen kann.

Individueller Kräutergarten

Kräuter finden beinahe überall ein Plätzchen, in streng symmetrisch eingeteilten Kräutergartenanlagen, in Beeten zwischen Gemüse und Blumen, in Töpfen auf Treppen, Balkon, Terrasse und selbst im Haus. Darüber hinaus gibt es aber noch eine ganze Reihe besonderer Kräutergartenformen wie die klassische Kräuterspirale, die auch in anderen Formen für den Balkon gestaltet werden kann, oder das Hochbeet. Oder wie wäre es mit Kräuterkulturen, die ganz einfach in Erdsäcken angepflanzt werden? Sogar Paletten können ein wenig umgebaut und zur Kräuterwand umfunktioniert werden.

DIE KRÄUTERSPIRALE

Der Aufbau und Grundgedanke einer Kräuterspirale ist ebenso einfach wie genial. Es werden nämlich auf kleinstem Raum verschiedene Lebensbereiche der Kräuter nachempfunden, sodass eng beieinander so unterschiedliche Kräuter wie Brunnenkresse, Pfefferminze, Schnittlauch und Lavendel wachsen können. Durch den spiraligen Aufbau, die Lage, die sonnige und halbschattige Bereiche bietet, und unterschiedliche Erde entstehen verschiedene Zonen. Der Handel bietet fertige Kräuterspiralen aus verschiedenen Materialien an. Von Cortenstahl über Plastik bis Stein gibt es Ausführungen für Garten, Hof und Balkon. Ganz individuell, natürlich und schön ist allerdings eine selbst gebaute Kräuterspirale. Der Aufbau erfordert etwas Zeit und Mühe, aber nach getaner Arbeit werden Sie sehr lange Freude an dem besonderen „Kräutergarten“ haben.

Ist genügend Platz vorhanden, so kann am schattigen Fuß der Spirale ein kleiner Teich liegen, an dessen Rand sich Brunnenkresse sehr wohl fühlt. Vögel und allerlei tierische Gartenbewohner können die Wasserstelle als Trinkgelegenheit nutzen. In der daran anschließenden unteren Zone ist der Boden nährstoffreich und immer etwas feucht, sodass Schnittlauch, Petersilie, Minzen, Dill und Kerbel einen passenden Platz haben. Die mittlere Zone bietet den meisten Kräutern einen guten Platz, der Boden ist nährstoffreich, weder zu trocken noch zu feucht und es ist sonnig bis halbschattig. Estragon, Ysop und Majoran gedeihen hier prächtig. Ganz oben ist der sonnigste Bereich der Kräuterspirale. Der Boden ist trocken, durchlässig und nährstoffarm. Mediterrane Kräuter wie Rosmarin, Salbei, Lavendel und Thymian fühlen sich hier sehr wohl.

Die Grundfläche einer Kräuterspirale sollte mindestens 2 m betragen. Suchen Sie einen einigermaßen sonnigen

Durch den spiralförmigen Aufbau bietet die besondere Form des Kräuterbeetes, die Kräuterspirale, vielen verschiedenen Kräutern Platz. Und das ist ebenso nützlich wie schön, vor allem wenn die Spirale aus Steinen der Region aufgebaut wird. In den Steinzwischenräumen fühlen sich viele tierische Gartenbewohner sehr wohl.

Platz, legen Sie die Spirale aber so an, dass ein Teilbereich auch etwas Schatten abbekommt, denn dieser Platz ist für nicht so sonnenhungrige Kräuter reserviert. Mit Holzpflock, Schnur und einem Bambusstab zum Anzeichnen kann der Grundriss auf dem Boden markiert werden. Zuerst wird die oberste Bodenschicht abgetragen und mit durchlässigem Material wie Kies, kleinen Steinen und Sand aufgefüllt, damit es keine Staunässe gibt. Nun wird ein Hügel von gut einem halben Meter Boden aufgeschüttet. Während im unteren Bereich humose, nährstoffreiche Gartenerde eingefüllt wird, kommt weiter oben immer nährstoffärmeres Material zum Einsatz. Mischen Sie die Erde mit Schotter oder steinigem Erdmaterial, sodass in der oberen Zone ein karger und nährstoffarmer Boden vorliegt. Als nächsten Schritt werden nun die Steine für die Einfassung gelegt. Die Fläche zwischen den Steinen sollte etwa 50–60 cm breit sein, damit für die Pflanzen genug Platz ist. Steine aus der Region passen am besten und unterstreichen den natürlichen Charakter der Kräuterspirale. Schön sehen aber auch alte Mauersteine aus.

DAS HOCHBEET

Vom Hochbeet träumen wohl viele Gärtnerinnen und Gärtner, weil es einfach so praktisch und vor allem so rückenschonend ist. Selbst ältere Menschen oder Menschen mit Behinderung können mithilfe des Hochbeets nach Lust und Laune gärtnern. An ungewöhnlichen Konstruktionen und tollem Design mangelt es nicht; es gibt für jeden Geschmack und jede Garten- oder Balkongröße genau die passende Ausführung. Aber natürlich lassen sich Hochbeete auch selbst bauen, fertige Bausätze erleichtern die Arbeit erheblich. Ein sehr beliebtes Material, natürlich und nicht zu kostenintensiv, ist Holz, am besten Lärchenholz, denn das ist sehr witterungsfest und muss nicht mit Holzschutzmitteln behandelt werden. Die Abmessungen für ein Hochbeet sind individuell verschieden und hängen natürlich auch vom verfügbaren Platz ab, ideal ist eine Länge von 2 m und eine Höhe von 80–100 cm. Die beste Breite, um auch in der Mitte des Beetes pflanzen, pflegen und ernten zu können, ist 80–100 cm.

Wie ein Hochbeet in seinem „Inneren“ aufgebaut ist, darin liegt das Erfolgsgeheimnis. Zuunterst ist ein Drahtgeflecht angebracht, damit sich dort keine Mäuse einnisten können. Darauf bringen Sie Heckenschnitt auf, dann eine Schicht Laub oder Stroh. Als nächstes folgt Rohkompost und den Abschluss bildet – zumindest bei Gemüsebeeten – gut verrotteter Kompost oder gute Gartenerde. Bei einem Kräuterbeet darf es allerdings nicht so nährstoffreich zugehen wie bei einem Gemüse-Hochbeet. Etwas abgemagerte Garten- oder Kräutererde ist genau richtig. Das eingeschichtete Material wird sich nach und nach zersetzen und dabei entsteht Wärme, die das Wachstum der Pflanzen so richtig „anheizt“. Und durch die besondere Schichtung

Astschnitt, Laub, Kompost und Gartenerde übereinander geschichtet, bieten Kräutern ideale Bedingungen. Unten schützt ein Gitter vor ungebetenen Nagern.

GUT GENUTZT

Wie das Hochbeet bepflanzt wird, hängt ganz von Ihnen ab. Einige Tipps zur besten Nutzung können aber hilfreich sein: Liebstöckel, Estragon, Rosmarin und Salbei werden sehr hoch. Sie sollten entweder in die Mitte oder nach hinten gesetzt werden. Halbhohe Sorten wie Kapuzinerkresse, Kerbel, Pfefferminze und Anis platziert man mittig, niedrige Kräuter wie Schnittlauch, Petersilie, Kresse und Majoran kommen in den Außenbereich.

muss überhaupt nicht mehr gedüngt werden. Auf einem reinen Kräuterbeet haben viele Arten und Sorten Platz. Es spricht aber auch nichts dagegen, ein Hochbeet in Mischkultur anzulegen und die Kräuter mit Gemüse und Blumen zu kombinieren. Da die Nährstoffkonzentration über die Jahre hinweg nachlässt, können Sie ein Hochbeet auch jährlich unterschiedlich bepflanzen. Zu Beginn mit nährstoffbedürftigem Gemüse, die Schwachzehrer, also solche mit mittlerem Bedarf an Nährstoffen, kommen ein Jahr später dran, danach folgen die Kräuter, die nun ideale Bedingungen vorfinden.

GROW BAGS

Das Gärtnern war lange Zeit aus der Mode gekommen, auch deshalb, weil es viel Arbeit macht. Gerade bei jungen Leuten kamen die meisten fein säuberlich gepflegten Gärten etwas spießig rüber. Heute ist Gärtnern wieder in und selbst auf kleinen Stadtbalkonen oder in Innenhöfen gibt es Möglichkeiten, Kräuter, Gemüse und Blumen wachsen und gedeihen zu lassen. Eine ebenso praktische wie schicke Alternative sind die sogenannten Grow Bags, Säcke in verschiedenen Größen und Farben aus Kunststoff, meist Polypropylene. Sie sind „federleicht", mit Schlaufen zum Tragen versehen, und bieten den Pflanzen genügend Platz, um bestens zu gedeihen. Werden die Säcke nicht gebraucht, können sie ganz klein zusammengefaltet werden. Viel Stauraum wird dafür nicht benötigt.

Der Fantasie sind keine Grenzen gesetzt, wenn es um Pflanzgefäße geht. In alten Tee- oder Reissäcken wachsen Basilikum & Co. bestens, wenn sie gute Erde und genügend Wasser zur Verfügung haben.

PALETTEN-GARTEN

Eine tolle Idee für ein schmales hohes Kräuterbeet ist die „bepflanzte Palette", die man sich relativ schnell selbst bauen kann. In der Urban-Gardening-Szene wird seit Längerem mit alten Europaletten gegärtnert. Eine Idee, die Schule macht, denn die Paletten sind nicht nur platzsparend, sondern auch ein Beitrag zur Vermeidung von Müll. Recycling ist angesagt. Vor allem für kleine Flächen sind bepflanzte Paletten eine gute Möglichkeit, viele Kräuter zu kultivieren. Fragen Sie in Baumärkten, Supermärkten, Gartencentern nach, meist werden die Paletten sogar verschenkt. Die Abmessung einer Palette beträgt 120 × 80 × 14,4 cm. Es gibt verschiedene Möglichkeiten, eine solche Palette zu bepflanzen, entweder wird die Rückseite für die Pflanzkästen verwendet oder die Oberseite.

ZIMMER-KRÄUTERGARTEN

Viele Kräuter können problemlos auch im Haus gezogen werden. Am besten natürlich in der Küche, aber auch jeder andere Raum eignet sich. Wichtig ist nämlich vor allem die Sonneneinstrahlung, denn an Südfenstern kann es richtig heiß werden und das bedeutet selbst für manch mediterrane Pflanze Stress. Mehrjährige Kräuter wie Lavendel, Thymian und Liebstöckel, vor allem solche, die ziemlich groß werden, sind im Haus nicht so gut aufgehoben. Aber Ausprobieren kann man das natürlich trotzdem und wenn die Pflanzen schwächeln, dann können sie getrost wieder ins Freie gebracht werden. Wichtig ist vor allem auch beim Zimmer-Kräutergarten, die richtige Auswahl der Pflanzen, es gibt nämlich eine ganze Reihe niedrig wachsender kompakter Sorten, z. B. auch vom Lavendel, die sich für die Zimmerkultur anbieten. Schnell wachsende Kräuter wie Kresse, Dill, Kerbel oder Portulak werden in ausreichend großen Kästen gesät und liefern schnell Frisches für die Kräuterküche.

VERTIKALES GÄRTNERN MIT PALETTEN

1

Auf der Rückseite einer Europalette befinden sich drei Bretter, dahinter können Pflanzkästen angelegt werden. Überlegen Sie sich, wie herum die Palette aufgestellt werden soll, dann bringen Sie vorgefertigte Bretter unter den Hohlräumen an.

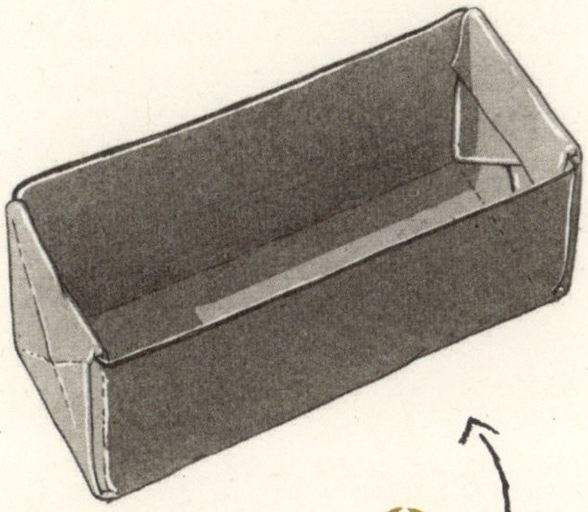

2

Die Pflanzkästen legen Sie mit zugeschnittener Teichfolie aus und tackern sie an den Rändern fest. Damit überschüssiges Gießwasser abfließen kann, bohren Sie in die unteren Bretter und durch die Teichfolie einige Löcher.

3

Bepflanzte Europaletten sind ziemlich schwer. Sie müssen an dem für sie vorgesehenen Platz aufgestellt werden. Sie später noch einmal umzustellen, ist recht mühsam. Nun können Sie sie bepflanzen und angießen.

HABEN SIE MUT ZUM UNGEWÖHNLICHEN, ENTDECKEN SIE DIE MÖGLICHKEITEN UND KREIEREN SIE IHREN INDIVIDUELLEN KRÄUTERGARTEN.

Pflanzen zu hegen und zu pflegen bereitet besonders viel Freude, wenn es auch etwas zu ernten und zu verarbeiten gibt. Kräuter sind da sehr vielseitig, und es gibt für jede Menge Verwendungsmöglichkeiten.

Beim Gärtnern macht eigentlich alles Spaß, aussäen, pflanzen und pflegen – ein richtiges Glücksgefühl stellt sich vor allem aber bei der Ernte ein. Jedes Blättchen und jede Blüte schmecken aus eigener Ernte natürlich am allerbesten, und da ist tatsächlich etwas dran, denn auch wenn die frische Pfefferminze beim Bioladen um die Ecke gekauft wird, so ist sie in Bezug auf die Frische doch nicht mit den Blättern aus dem Garten oder vom Balkon vergleichbar. Vor allem dann, wenn die optimalen Erntezeiten berücksichtigt werden, denn die Konzentration an Inhaltsstoffen schwankt im Laufe des Tages und natürlich auch im Lauf der Vegetationszeit. Frisch verarbeitet im Tee, im Salat oder als essbare Dekoration zur Nachspeise sind Kräuter am wertvollsten. Durch für jedes Kraut passende Konservierungs- und Verarbeitungsmethoden können Aroma- und Wirkstoffe aber auch gut „eingefangen“ werden.

Kräuter sind nicht alle gleich

Triebspitzen, Blättchen, Stängel abschneiden und fertig ist die Ernte? Ganz so einfach ist es nicht, denn zum einen soll das Erntegut möglichst viele gesunde Wirkstoffe enthalten und andererseits soll die Pflanze durch die Ernte nicht geschwächt werden. In den *Pflanzenporträts* SEITE 78 finden Sie genaue Angaben zur Ernte jedes einzelnen Krauts, ganz allgemein lässt sich aber sagen, dass bei der Ernte von Mehrjährigen Wurzelspitzen und Knospen nicht verletzt werden sollen. Das würde die Pflanzen nämlich am Weiterwachsen hindern.

Sogenannten immergrünen Kräutern, wie Salbei, Rosmarin und Thymian, die ihr Laub auch im Winter behalten, tut das Ernten sogar gut, denn es dient gleichzeitig als Verjüngungskur. Die Pflanzen verzweigen sich dann und wachsen buschiger. Wird nicht geerntet, verkahlen sie nach und nach, bilden also von unten her immer weniger Triebe und Blätter. Schnittlauch und Petersilie vertragen es am besten, wenn sie portionsweise abgeschnitten werden. Anschließend bekommen sie eine Regenerationsphase und die Ernte kann erneut beginnen. Schnell wachsende einjährige Kräuter wie Kresse und Kerbel werden komplett abgeschnitten und verarbeitet. Da lohnt es sich, in bestimmten Abständen immer wieder neu kleine Töpfe oder Schalen auszusäen, um kontinuierlich Kräuter-Nachschub zu haben.

Schnittlauch wächst besonders gut, wenn er häufig, allerdings nicht zu tief, geschnitten wird. Pflanzen Sie ihn deshalb recht nahe am Haus oder auf dem Balkon, damit Sie für jede Mahlzeit etwas von dem „lauchigen" Grün schneiden können. Besonders praktisch sind Kräuterscheren, die den Schnittlauch anschließend mit nur einem Schnitt gleich in viele kleine Röllchen schneiden.

SO WIRD'S GEMACHT

Natürlich können jederzeit Blättchen abgezupft und für die Bowle, den Tee oder Salat genommen werden oder ein paar Blüten für die essbare Dekoration. Das ist ja das Schöne an Kräutern, dass sie – einmal gut entwickelt – für den Genuss bereitstehen. Doch gerade wenn viel Erntegut ansteht und die Kräuter für die spätere Verwendung konserviert werden sollen, dann lohnt es sich, bestimmte Erntezeiten einzuhalten. Bei der Konservierung bleiben nämlich nicht alle Inhaltsstoffe erhalten und da ist es gut, wenn das Kraut jede Menge davon eingelagert hat.

Kurz vor oder während der Blüte haben die meisten Kräuter den höchsten Wirkstoffgehalt und das meiste Aroma. Kraut, Blatt und Blüten werden am besten am frühen Vormittag eines warmen Tages geerntet, wenn der Tau gerade abgetrocknet ist. Damit die Pflanzen sich gut wieder erholen, wird beim Rückschnitt das „Pflanzenherz" an der Basis verschont und einige Triebe bleiben stehen.

Etwas geschwächt sind die Pflanzen nach der Ernte trotzdem. Sie müssen alle Kraft mobilisieren, um neue Triebe und Blätter zu bilden. Große sommerliche Hitze setzt ihnen ganz schön zu. Kräuter, die in Töpfen wachsen, können an heißen Tagen etwas geschützt an einen schattigen Platz umsiedeln und erholen sich dann recht schnell.

WERKZEUGE FÜR DIE ERNTE

Als Werkzeuge eignen sich Scheren am besten. Es gibt spezielle Kräuterscheren in verschiedenen Größen, die vor allem beim Schnitt von verholzten Trieben gute Dienste leisten. Es muss aber nicht unbedingt eine Kräuterschere sein, die zum Ernten verwendet wird, wichtig ist: Die Schere muss scharf sein. Wenn Triebe gequetscht oder abgerissen werden, weil die Schere stumpf oder ungeeignet ist, kann das großen Schaden anrichten. Es gibt dadurch kleine Verletzungen, die Eintrittspforten für Pilze und Bakterien sind.

SAMMELLEIDENSCHAFT

Viele Wildkräuter wie Johanniskraut, Löwenzahn, Schafgarbe und Giersch wachsen auch im Garten, mitunter sogar ohne das eigene Zutun. Schön ist es aber auch, Wildkräuter in der Natur zu sammeln. Vielleicht ist es ein noch in uns schlummernder Urinstinkt, das Kräutersammeln. Es schafft ein Gefühl von Verbundenheit mit der Natur. In den hektischen Tagen unserer Zeit kommt mitunter das Gefühl für die Jahreszeiten abhanden. Beim Kräutersammeln in der Natur wird aber wieder bewusst, wie herrlich es sein kann, den Jahreslauf mitzuverfolgen. Kräuter sammeln belebt auf wunderbare Weise Körper und Geist.

Mit Kindern macht die Suche nach Essbarem besonders viel Freude. Sie lernen schnell, dass Mutter Natur viele Schätze für uns bereithält.

ACHTSAMKEIT

„Raubbau" darf dabei aber nicht betrieben werden. Verschiedene Kräuter stehen unter Naturschutz und dürfen gar nicht gesammelt werden, andere wachsen in Naturschutzgebieten. Informationen dazu gibt es bei den verantwortlichen Behörden. Im Garten weiß man, was man angepflanzt hat, in der Natur ist das nicht immer so. Es ist also wichtig, nur solche Pflanze zu sammeln, die Sie kennen. Und weil es schade wäre, wenn die wertvollen Kräuter später weggeschmissen werden, sollten Sie nur so viel sammeln, wie Sie auch benötigen. Um den Bestand nicht zu gefährden, darf auch nicht die ganze Pflanze samt Wurzel und alle Pflanzen mitgenommen werden.

Bei den Wildkräutern, die in Salate kommen oder als Gemüse verspeist werden, sind die jungen Blättchen

Johanniskraut steht symbolisch für das Blut von Johannes, dem Täufer und für Christi Blut. Früher sah man im Johanniskraut deshalb eine Gnadengabe zur Genesung von Kummer aller Art. Die Blüten, die aussehen wie leuchtende Sonnen sind schon beim Anblick wahre Seelentröster.

und Triebspitzen besonders wertvoll. Später werden diese Pflanzenteile meist härter und schmecken dann bitter. Eine beliebte Sammelzeit ist deshalb auch das Frühjahr, wenn die ersten Blättchen von Löwenzahn und Co. aus der Erde spitzen. Später im Jahr, rund um Johanni und Mariä Himmelfahrt, sind Kräuter wie Johanniskraut, Schafgarbe und Königskerze besonders wertvoll.

Wildkräuter sind eine tolle Bereicherung auf dem Speiseplan. Und dazu ist das Sammeln der Kräuter draußen im Wald und auf den Wiesen gesund für Körper und Geist. Schon ausprobiert?

Nur gesunde Blätter und Triebe einer Pflanze sollten in das mitgenommene Körbchen oder den Stoffbeutel kommen, außerdem ist es sinnvoll, einigen Abstand zu belebten Straßen zu halten. Der feine Staub legt sich auf die Blätter – an gesunde Kräuter ist dann nicht mehr zu denken. Wie bei Gartenkräutern ist auch beim Sammeln von Wildkräutern gutes Werkzeug wichtig, also ein scharfes Messer oder eine scharfe Schere.

KLEINER SAMMELKALENDER FÜR WILDKRÄUTER

KRAUT	ERNTE	VERWENDUNG
Brennnessel	März bis September ist die Erntezeit der Brennnessel, besonders wertvoll sind die Blätter im März und April	für Salat und Gemüse, in Quiches und als Tee
Gänseblümchen	vom Februar bis November ist Erntezeit der Blätter und Blüten	für Tee, als essbare Garnierung auf Salaten und Suppen
Johanniskraut	von Juni bis September werden vor allem die Blüten gepflückt	als Heilpflanzentee gegen Unruhe und Nervosität, als Öl bei Muskelverspannungen und rheumatischen Beschwerden
Löwenzahn	die Blätter sind von März bis November genießbar, am zartesten sind sie aber im April und Mai	für Salate, Quark, Tee, die Blüten als essbare Garnierung
Spitz-Wegerich	von April bis Juni können die Blätter gepflückt werden	für Salate, Kräuterquark und als Brotbelag

WER HÜBSCH AUSSEHEN WILL ÜBERS JAHR, DER BRAUCHT BRENNNESSELTEE, DER IST GUT FÜR DAS HAAR.

Kräuter konservieren

Ist die Kräuterleidenschaft einmal entfacht, scheint der Garten, die Terrasse oder der Balkon stets zu klein zu sein, um alle Arten und Sorten aufzunehmen, die man gerne anbauen möchte. Denn schnell kommen neue Kräuter dazu, der Kräutergarten wird größer und mit ihm die zu verarbeitende Menge an Erntegut. So manches Kraut kann nicht frisch auf einmal verzehrt werden, aber das muss ja auch nicht sein, denn viele Kräuter können auf die eine oder andere Weise konserviert werden.

Einjährige Kräuter wie die Kresse, werden gleich frisch verwendet und in kleinen Portionen immer wieder neu gesät. Doch schon bei Schnittlauch und Petersilie können größere Mengen an Erntegut anfallen; auf ein Mal kann man die frisch oft nicht verarbeiten. Außerdem kommt jedes Jahr aufs Neue die Herbst- und Winterzeit, in der man sich über eigene Kräuter aus dem Vorrat freut und man nichts zukaufen braucht. Das gilt nicht nur für Küchenkräuter, sondern auch für Heilkräuter wie Johanniskraut, Lavendel oder Melisse. Alles Argumente also, sich dem Thema Konservieren zu widmen.

Es gibt verschiedene Konservierungsmöglichkeiten für Kräuter. Beim Einfrieren und Trocknen stehen die Pflanzenteile später verschiedenen Verwendungen zur Verfügung: Aus getrockneten Kräutern können Sie Tee zubereiten und mit ihnen an Sommer- und Wintertagen räuchern; Suppen, Salate oder andere Gerichte werden sowohl mit getrockneten als auch mit eingefrorenen Kräutern aromatisiert.

Die wertvollen Inhaltsstoffe können aber auch in Essig, Öl, Sirup, Kräuterzucker oder Kräutersalz eingefangen und konserviert werden. In Salben, Cremes und Badesalzen verarbeitet, verwöhnen Kräuter über lange Zeit die Haut. Doch nicht alle Pflanzen eignen sich gleichermaßen für jede Konservierungsmethode. Wichtig ist, dass so viele Inhaltsstoffe wie möglich erhalten bleiben.

DAS TROCKNEN

Ganz klassisch werden Kräuter durch Trocknen konserviert. Viele Heil-, Würz- und Küchenkräuter wie z. B. Pfefferminze, Lavendel, Thymian, Bohnenkraut oder Duft-Pelargonien sind bestens dafür geeignet. Getrocknete Kräuter können Sie zum Würzen nehmen und auch

Es gibt viele Möglichkeiten Kräuter zu trocknen. Spannen Sie ein Leintuch oder Gaze z.B. über eine alte Obstkiste und legen Sie die Kräuter zum Trocknen darauf. So kommt von allen Seiten Luft an das Trockengut.

Ganz klassisch werden Kräuter getrocknet, indem man sie verkehrt herum an einem schattigen, luftigen Platz aufhängt. Eine Papiertüte mit Löchern schützt die Pflanze vor Staub.

Optisch können Sie einen Tee mit verschiedenen Blüten bereichern, wie z. B. mit getrockneten Ringelblumenblütenblättern. Sie bringen Farbe in den Tee ohne geschmacklich besonders herauszustechen.

Schneiden Sie gesunde und einwandfreie Triebe ab und schütteln Sie sie zunächst, um kleine Tiere zu entfernen. Dann bündeln Sie die Kräuter und binden sie zu Sträußen zusammen. An einem warmen, luftigen und geschützten Platz verkehrt herum aufgehängt, bleiben sie so lange hängen, bis sie getrocknet sind und beim Berühren rascheln. Blätter und Blüten werden nun abgestreift und in dunklen Gläsern und Papiertüten trocken aufbewahrt. Die Beschriftung mit Abpackdatum und Inhalt ist mitunter sehr nützlich. Die Kräuter sollten bis zur Ernte im nächsten Jahr aufgebraucht sein, dann sinkt nämlich auch der Gehalt an Inhaltsstoffen.

Nicht immer müssen ganze Triebe abgeschnitten werden, die Blätter und Blüten können auch einzeln abgezupft werden. Sie trocknen sehr gut im Dörrapparat oder im Backofen. Die beiden Trocknungsmöglichkeiten eignen sich dann besonders gut, wenn es draußen feucht und kalt ist und es keinen geeigneten Platz zum Trocknen an der Luft gibt. Die Trocknungszeit schwankt je nach Dicke und Wassergehalt der Triebe, Blätter und Blüten. Kräuter werden bei 40 Grad getrocknet.

Selbsthergestellte Tees aus getrockneten Kräutern sind übrigens ein tolles Geschenk. Pfefferminze, Salbei, Zitronenverbene & Co. können in schönen Metalldosen luftdicht verpackt werden. Kleben Sie das Teerezept und Angaben über den Inhalt auf die Dose.

für Tees. Ein Tee aus selbst gezogener, geernteter und getrockneter Pfefferminze z. B. ist in keiner Weise mit einem abgepackten Tee vergleichbar, und das gilt genauso für Zitronenverbene und Pelargonien. Sie können die getrockneten Blätter und Blüten separat aufbewahren für reine Sortentees oder aber gleich eine eigene Mischung kreieren, vielleicht aus Duft-Pelargonien, Zitronen-Melisse und ein wenig Thymian. Probieren Sie aber immer erst einmal aus, was für Sie geschmacklich zusammenpasst. Selbst gemachte Tees sind übrigens ein tolles Geschenk.

DÖRRAPPARAT ODER BACKOFEN?

Dörrapparate sind zwar nicht gerade klein, aber sie sind sehr praktisch. Warme Luft – die Temperatur kann exakt eingestellt werden – strömt an den Kräutern vorbei, die auf Siebböden liegen und entweicht durch eine Öffnung, sodass keine feuchte Luft entstehen kann. Auch im Backofen kann getrocknet werden, dann muss die Tür aber einen Spaltbreit geöffnet bleiben, damit die Feuchtigkeit entweichen kann.

GUT VERPACKT

Licht, Luft und Feuchtigkeit sind die größten „Feinde" getrockneter Kräuter. Durch das Licht bleicht die Farbe aus, aber auch das typische Aroma geht verloren. Durch Luftsauerstoff verändern sich die Inhaltsstoffe. Am schlimmsten ist eindringende Feuchtigkeit, denn dadurch kommt es nicht selten zum Schimmeln und die ganze Mühe der Ernte und Konservierung sind umsonst gewesen. Deshalb ist die richtige Verpackung das A und O getrockneter Kräuter. Ideal sind Dosen und Behälter aus dunklem Glas oder Weißblech mit luftdicht schließenden Deckeln. Kommt Licht an das Trockengut, wird es schnell unansehnlich und verliert an Geschmack.

Würzkräuter werden praktischerweise oft direkt über dem Herd aufgestellt, doch dieser Platz ist auf die Dauer zu warm und senkt die Haltbarkeit. In einem kühlen dunklen Raum sind sie besser aufgehoben. Außerdem ist es nicht ratsam, die Kräuter aus der Verpackung direkt in den Kochtopf zu schütten. Der aufsteigende heiße Wasserdampf verklumpt die Blättchen, die sofort Feuchtigkeit aufnehmen und dann bald verderben.

BUNTE BLÜTEN AUF EIS GELEGT

Für sommerliche Erfrischungsgetränke sind Blüteneiswürfel eine tolle Bereicherung. Dafür werden zarte Kräuterblüten gesammelt, z. B. vom Borretsch, Gewürz-Tagetes, Kapuzinerkresse und Gänseblümchen. Achten Sie darauf, dass die Blüten ganz sauber und unversehrt sind. Sie kommen einzeln in die Fächer eines Eiswürfelbehälters und werden mit Wasser übergossen. Gefroren kann man sie bei Bedarf entnehmen. Sie sind in Fruchtbowlen, Sekt oder einfach nur in Wasser ein toller Hingucker und können sogar mitgegessen werden.

DAS EINFRIEREN

Für robuste Kräuter wie Rosmarin, Oregano, Thymian, Petersilie und Schnittlauch eignet sich zur Haltbarmachung das Einfrieren sehr gut. Im Gegensatz zum Trocknen bleibt die satte grüne Farbe gut erhalten und auch das Aroma leidet nur wenig.

Triebe und Blättchen werden vorsichtig gewaschen, trocken getupft und dann gehackt. Praktisch ist das portionsweise Einfrieren in Eiswürfelbereitern. Geben Sie die gehackten Kräuter hinein und dann über jedes Fach so viel Wasser, dass die Kräuter gerade bedeckt sind. Sie können aber auch eine andere Methode ausprobieren: Anstelle von Wasser wird dabei geschmolzene Butter oder Olivenöl zu den Kräutern gegeben.

Zu Suppen und Soßen passen die Kräuter-Eiswürfel gut, zum Salat dagegen gar nicht. Aber es gibt auch noch andere Möglichkeiten einzufrieren, und zwar indem man die Kräuter in Gefrierdosen oder Vakuumbeutel gibt ohne sie mit Flüssigkeit zu versetzen. Fast wie gefriergetrocknet sind Kräuter, wenn sie für einige Stunden auf einem Blech vorgefrostet werden. Anschließend werden sie in Gefrierbehälter oder -tüten luftdicht verpackt. Sie können sehr einfach portionsweise entnommen werden. Das ist besonders praktisch, wenn es mal schnell gehen muss. Für Salate, Suppen und Soßen haben Sie gleich eine optische, geschmackliche und gesunde Bereicherung zur Hand.

Eine kleine Holzkiste ist praktisch für die Kräuterernte im Garten. Die Blätter und Stängel haben Platz darin, können einzeln gelegt werden und sind luftig gelagert. So halten sie sich eine Weile.

Auf den Inhalt kommt es an

Wie so oft kommt es auch bei Kräutern auf den Inhalt an. Für die Gesundheit, das Wohlbefinden und nicht zuletzt für den kulinarischen Genuss sind die Inhaltsstoffe wichtig. Sie können durch Trocknen und Einfrieren konserviert oder aber „ausgezogen" werden. Essig und Öl, in denen Kräuter mehrere Tage oder Wochen eingelegt werden, nehmen den Geschmack und die Inhaltsstoffe der Pflanzen an. Auch Alkohol ist in der Lage, die Wirkstoffe aus den Kräutern zu ziehen. Alkoholische Auszüge und Tinkturen von Heilpflanzen sind in vielerlei Hinsicht nützlich, ebenso wie Kräuterweine und -liköre, die darüber hinaus auch noch sehr gut schmecken. Das Prinzip ist bei allen Auszügen ähnlich: Die Pflanzenteile werden frisch oder getrocknet in die Flüssigkeit gegeben und müssen dann unterschiedlich lang ziehen.

ÖL UND ESSIG

Damit Öl- und Essigauszüge nicht verderben, dürfen frische Pflanzenteile weder vertrocknete noch vergilbte Stellen aufweisen, schmutzig oder noch feucht sein. Der beste Erntezeitpunkt ist gekommen, wenn es drei Tage lang nicht geregnet hat. Die Kräuter werden geschnitten, vorsichtig in einer Schale mit kaltem Wasser gewaschen, trocken getupft und kommen dann in vorbereitete Flaschen oder Behälter. Meist genügt schon ein Zweig Rosmarin, Bohnenkraut, Thymian oder Estragon, der mit Öl oder Essig übergossen wird, bis alles bedeckt ist. Der Behälter muss noch mit einem Korken oder Schraubverschluss versehen werden. Kräuteröle müssen nun an einem warmen Ort stehen und regelmäßig geschüttelt werden. Sie sollten vier bis sechs Wochen ziehen. Essige werden kühl aufbewahrt, regelmäßig geschüttelt und sind je nach Kraut nach etwa zwei bis drei Wochen fertig.

KRÄUTERESSIG

Zum Verschenken und selbst verwenden. Essig ist (fast) die schönste Möglichkeit, Kräuter zu verarbeiten.

1 Handvoll Kräuterblätter	0,5 l Essig, z. B. Apfelessig

1

Die Blätter gründlich waschen, trocknen und von den harten Stielen befreien. Anschließend grob hacken.

2

Die gehackten Blätter in ein großes verschließbares Glas geben und mit dem Essig aufgießen, sodass alles bedeckt ist.

3

Den Essig an einen kühlen Ort stellen und immer wieder schütteln, damit sich die Wirkstoffe verteilen können.

4

Nach zwei bis drei Wochen hat der Essig das Kräuteraroma angenommen. Die Blätter werden abgeseiht und der Essig in saubere Flaschen abgefüllt.

SELTEN ESS' ICH ESSIG; ESS' ICH ESSIG, ESS' ICH ESSIG MIT SALAT!

Kräuter zum Wohlfühlen

Die Kraft der Kräuter kann auch anders genutzt werden, nämlich zur Pflege von Haut und Haaren, um Sonnenbrand und Insektenstiche zu lindern oder einfach nur zum Wohlfühlen. Schon im Mittelalter wurden die wirkstoffreichen Pflanzen nicht nur zur Bekämpfung von Krankheiten eingesetzt, sondern auch für die Schönheit. Es gibt zwar jede Menge kosmetischer Produkte auf Pflanzenbasis zu kaufen, eine Handcreme, ein Massageöl oder ein Badesalz können Sie aber auch aus den eigenen Kräutern einfach selbst machen.
Ohne Konservierungsstoffe sind sie wirklich „bio", verwöhnen die Haut und machen ein gutes Gefühl. Sie sollten jedes selbst gemachte kosmetische Produkt aber erst einmal an einer kleinen Stelle auf der Haut ausprobieren, ob Sie es gut vertragen.

KRÄUTER-KOSMETIK FÜR HAUT UND HAAR

Jedes einzelne Kraut hat besondere Wirkkräfte, die sich in Salben, Badesalzen, Deos und Shampoos entfalten. Melisse ist beruhigend und für ein Shampoo bei gereizter Kopfhaut bestens geeignet. Die erfrischende Minze kann für eine Zahncreme verwendet werden oder ins Duschgel kommen und Rosmarin hat nicht nur im Badesalz einen straffenden und wärmenden Effekt, ganz zu schweigen von dem wunderbaren Duft, der genauso wie bei Lavendel ganz nebenbei auch noch die Seele verwöhnt. Es gibt noch viele Beispiele, wie Kräuter in der Kosmetik eingesetzt werden können, und es gibt einfache Rezepte, die einen Versuch wert sind. Die Kräuter aus dem eigenen Garten sind besonders hochwertig, und es tut Haut und Haaren gut, wenn alle anderen Zutaten, z. B. Bienenwachs, Kakaobutter und alles, was man so benötigt, biologisch hergestellt wurden.

GRUNDREZEPT SALBE

Mit dem Grundrezept können Sie viele verschiedene Salben herstellen.

10 g	getrocknete oder 20 g frische Kräuter
10 ml	fettes Öl, z. B. Sonnenblumenöl
10–20 g	Bienenwachs (ungebleicht)

1
Die Kräuter in ein hitzebeständiges Glas geben und mit dem Öl übergießen. Im Wasserbad auf 70 Grad erwärmen. Die Kräuter werden 30 Minuten mit dem Öl erhitzt, ohne dass das Öl dabei zu heiß wird. Anschließend von der Kochstelle nehmen, mit einem Baumwolltuch abdecken und über Nacht stehen lassen. Noch einmal erhitzen, dann die Kräuter abfiltern.

2
Zum fertigen Auszugsöl nun das Bienenwachs hinzugeben und beides wieder auf 70 Grad erwärmen. Ist das Bienenwachs geschmolzen, die flüssige Salbe sofort von der Kochstelle nehmen und in Cremetiegel gießen.

3
Ein Tuch darüberlegen und die Creme erkalten und fest werden lassen. Erst dann mit dem Deckel verschließen. Kühl bei etwa 15 Grad und dunkel gelagert hält sich die Creme etwa ein Jahr.

WERDEN SIE ZUM HOBBY-APOTHEKER UND RÜHREN SIE IHRE EIGENEN SALBEN AN. DANN WISSEN SIE GENAU, WAS ALLES DRIN IST.

HAARSPÜLUNG

Löwenzahn kräftigt die Haare und versorgt sie mit Vitaminen und Mineralstoffen.

50 g	geschnittene Löwenzahnwurzeln
200 ml	Wasser
100 ml	Apfelessig

ES GIBT NICHTS BESSERES BEI TROCKENEM UND STRAPAZIERTEM HAAR. WAGEN SIE EINEN VERSUCH!

1
Alle Zutaten in einem Topf zum Kochen bringen und etwa 30 Minuten köcheln lassen.

2
Abkühlen lassen, dann filtern und in kleine Flaschen füllen. Nach jeder Haarwäsche ins Haar einmassieren. Die Spülung muss nicht ausgewaschen werden und hält sich im Kühlschrank etwa ein halbes Jahr.

Einfache Salben werden aus Öl und Bienenwachs gemacht; einen wässrigen Anteil, wie es bei einer Creme üblich ist, gibt es nicht. Salben sind recht schnell hergestellt, trotzdem braucht man ein wenig Ruhe und Konzentration zum „Salbenrühren". Wichtigstes Gebot: hygienisch arbeiten. Bei einer Salbe wird aus Kräutern und Öl ein Auszugsöl hergestellt, dazu kommt Bienenwachs. Eine genaue Anleitung zur Herstellung einer Salbe finden Sie auf der gegenüberliegenden Seite. Die Grundzutaten sind immer gleich, variiert wird mit den zugesetzten Kräutern. Und da bleibt es ganz Ihnen überlassen, was Sie verwenden wollen. *Hinweise*, welche Kräuter sich wozu eignen, finden Sie bei den Porträts AB SEITE 78. Wird das Auszugsöl nicht mit Bienenwachs vermischt, kann es als Massageöl verwendet werden. Johanniskrautöl hilft beispielsweise bei Verstauchungen, Verspannungen und Kopfschmerzen, Rosmarinöl ist ein belebendes Massageöl und Thymianöl hilft bei kalten Füßen. Für die Haare sind vor allem Brennnesseln das Mittel der Wahl. Eine *Haarspülung* REZEPT SIEHE OBEN daraus macht trockenes und strapaziertes Haar geschmeidig und glänzend.

Wohltuend und gut für die Haut sind auch Badesalze, vor allem wenn sie mit duftenden Kräutern wie Rosmarin und Lavendel angereichert sind. Dazu werden lediglich eine Handvoll Meersalz und eine Handvoll frische Kräuter benötigt, die miteinander vermischt in ein Baumwollsäckchen gegeben werden. Das Säckchen wird zugebunden und unter den Wasserhahn gehängt, wenn das warme Badewasser einläuft. Solche Badesäckchen sind auch schöne und sehr persönliche Mitbringsel für liebe Menschen.

Es gibt noch viele weitere Möglichkeiten, aus Kräutern pflegende Produkte herzustellen – probieren Sie einfach aus, was Ihnen gefällt. Eines sei Ihnen noch ans Herz gelegt: Wenn Sie noch getrocknete Kräuter übrig haben, die nicht für Tees oder Cremes benötigt werden, dann machen Sie daraus Duftsäckchen. Aus schönen Stoffresten sind schnell Baumwollsäckchen mit Zugband geschneidert. Sie werden mit den Lieblingsduftkräutern gefüllt, dazu kommen noch einige Wattebällchen, die den Duft binden und verhindern, dass sich Pflanzenteile herausdrücken.

Eine Ringelblumensalbe hilft bei Stauchungen, Quetschungen und ähnlichen Verletzungen und kann einfach selbst hergestellt werden.

Kräuter selbst vermehren

Kräuter werden geerntet, damit man sie essen und damit würzen kann, um schöne Kräutersträuße aus ihnen zu binden oder sie in einer Salbe zu verarbeiten. Man erntet sie außerdem, um sich einen Vorrat anzulegen, z. B. für die kalte Jahreszeit, um sich an einem warmen Kräutertee zu laben. Doch es gibt noch eine andere Art der Ernte, die darauf ausgerichtet ist, Vorsorge für weitere Kräuteraussaaten zu treffen. Es geht um die Samenernte, und wer einmal daran Gefallen gefunden hat, der wird davon nicht mehr lassen wollen. Selbst Pflanzen zu vermehren, das schafft eine besondere Beziehung zu den grünen „Lieblingen" und irgendwie ein Gefühl der Verbundenheit. Sie müssen die Kräuter genau beobachten, damit Sie den richtigen Zeitpunkt der Ernte nicht verpassen oder gar zu früh zugreifen, wenn die Samen dann noch nicht ausgereift sind und dann im nächsten Jahr nicht aufgehen. Vor allem Einjährige produzieren viele Samen, die geerntet und aufbewahrt werden können, um sie im nächsten Jahr wieder auszusäen.

Mehrjährige Kräuter wie Lavendel, Thymian und Rosmarin müssen nicht jedes Jahr aufs Neue ausgesät werden, sie bleiben uns einige Jahre erhalten. Trotzdem müssen sie auch hin und wieder vermehrt werden, sei es um Nachbarn und Freunde mit einer tollen Sorte zu beglücken, um selbst mehr davon ernten zu können, weil die Pflanze zu alt geworden ist oder eine Lücke im Beet gefüllt werden soll. Stecklinge und Steckhölzer sind bei mehrjährigen Kräutern die beste Vermehrungsmethode.

HERBSTZEIT – ERNTEZEIT

Der Herbst ist die Erntezeit der Samen bei fast allen Pflanzen. Verschiedene einjährige Kräuter wie Ringelblumen, Borretsch und Kapuzinerkresse produzieren Samen so verschwenderisch, dass man im Garten eigentlich gar nichts tun muss – die Pflanzen säen sich selbst aus. Vorausgesetzt, die Samen dürfen an der Pflanze ausreifen. Werden alle Blüten zum Trocknen oder Verarbeiten abgeschnitten, funktioniert das natürlich nicht. Auf dem Balkon ist das mit der Selbstaussaat schon schwieriger, die meisten Samen werden nicht in dem dafür vorgesehenen Topf landen.

Kopfstecklinge werden in ein Anzuchtsubstrat gesteckt, angedrückt und gewässert. Sie sollen warm und sonnig stehen. Um die Verdunstung zu reduzieren, stülpen Sie anfangs eine Plastiktüte über den Topf. Ab und zu lüften.

Basilikum, Einjähriges Bohnenkraut, Dill und Kerbel werden ebenfalls nur einjährig kultiviert und entwickeln im Herbst sogenannte Samenstände. Geht es der kalten Jahreszeit entgegen, dann ist es für die Pflanzen Zeit, sich um ihre Vermehrung zu kümmern. Alle Kraft wird dann in die Samenproduktion gesteckt, beim Basilikum hat das sogar einen Aromaverlust zur Folge. Werden immer wieder Blätter abgezupft und der Samenstand mit Zeigefinger und Daumen abgeknipst, dann dauert die Ernte viel länger. Als Kompromiss kann eine Pflanze für die Samenernte ab Juli unberührt bleiben, alle anderen werden weiterhin geerntet.

Damit die Samen auch keimen, muss genau der richtige Zeitpunkt für die Ernte abgepasst werden. Die Samenstände sind dann trocken und kurz davor abzufallen. Will man ganz sicher gehen und den Reifezeitpunkt nicht verpassen, kann man Tütchen über die Samenstände stülpen und diese leicht zubinden. Am Erntetag selbst sollte es unbedingt trocken sein, am besten auch die vorhergehenden Tage. Wird Saatgut nass aufbewahrt, schimmelt es und wird unbrauchbar. Bei Doldenblütlern wie dem Dill stülpt man zur Ernte eine Papiertüte über den Samenstand, schneidet ihn ab und schüttelt die Samen heraus, bei der Ringelblume werden die samentragenden Blütenköpfchen abgeknipst und locker in eine Tüte gefüllt. Wenn Sie die verschlossene Tüte mit den Händen „kneten", trennen Sie auf diese Weise die Samen von der Spreu also den Samenhüllen. Bei jeder Art ist das etwas anders, aber nach und nach werden Sie zum Profi-Samenernter!

Anfangs müssen Sie den einen oder anderen Misserfolg einplanen. Nützlich ist bei diesem Prozess eine Art Tagebuch oder eben einfach ein Garten-Notizbuch, in dem Sie vermerken, wann Sie die Samen geerntet haben und wie der Aussaaterfolg im nächsten Jahr war. Beschreiben Sie die Farbe der geernteten Samen und die Witterungsverhältnisse am Erntetag, außerdem die Aufbewahrungsart.

VON STECKLINGEN UND STECKHÖLZERN

Bei mehrjährigen Kräutern wie Salbei, Rosmarin, Minze oder Estragon ist die Vermehrung über Stecklinge oder Steckhölzer erfolgsversprechender. Es gibt unterschiedliche Stecklingsarten, für Kräuter eignen sich Kopfstecklinge sehr gut. Viele Kräuter erhalten ihren Rückschnitt gleich bei der Ernte oder werden nach der Blüte zurückgeschnitten. Die Pflanze erhält so nicht nur ihre gute Form, sondern bildet auch viele neue Blätter. Gleichzeitig können die Pflanzen bei dieser Prozedur vermehrt werden. Nehmen Sie dafür gesund aussehende Triebe mit etwa vier bis sechs Blättern, davon werden die unteren zwei bis drei Blätter entfernt, sodass am Steckling noch zwei oder drei Blätter verbleiben. Die meisten Stecklinge wurzeln in Wasser sehr gut; probieren Sie es einfach aus. Die Triebspitzen können aber auch in Substrat bewurzelt werden. Empfehlenswert ist ein Gemisch aus einem Teil Torf, einem Teil Blumenerde und zwei Teilen Sand, allerdings steht Torf sehr in der Kritik von Umweltverbänden. Anstelle von Torf kann auch Anzuchterde genommen werden, spezielles Bewurzelungspulver, das man im Fachhandel bekommt, fördert eine schnelle Wurzelbildung. Die Erde wird zuerst angefeuchtet, dann der Steckling so eingesetzt, dass die zwei bis drei Blattansatzstellen mit Substrat bedeckt sind. Wie beim Einpflanzen wird die Erde gut festgedrückt.

EINGETÜTET

Sie brauchen ein DIN-A4-Blatt und ein bisschen Fingerfertigkeit.

Ist das Saatgut von Hüllen und vertrockneten Stängelchen befreit, wird jede einzelne Sorte in eine extra Samentüte gefüllt und präzise beschriftet mit dem Namen der Art bzw. falls bekannt auch der Sorte und dem Datum der Ernte. Die Tüten werden kühl und trocken aufbewahrt. Bevor die nächste Aussaat beginnt, empfiehlt es sich, eine Keimprobe zu machen. Dafür werden einige Samen auf ein feuchtes Küchenpapier ausgesät. Sind nach der sortentypischen Keimzeit weniger als die Hälfte der Samen gekeimt, dann wird am besten neues Saatgut gekauft.

HANDS ON! ALLES SELBST GEMACHT IST DAS MOTTO, SOGAR DIE SAMENTÜTEN WERDEN SELBST GEFERTIGT.

RAN AN DIE KRÄUTER

Gegen Gärtnerfrust ist kein Kraut gewachsen. Sondern hunderte. Aller Anfang ist Bärlauch.

Grundwissen ist wichtig, Erfahrung ist noch wichtiger. In den folgenden Porträts finden Sie Nützliches und Interessantes über die einzelnen Kräuter. Das Kräutergärtnern ist eine der schönsten (Neben)-Beschäftigungen der Welt.

Die porträtierten Kräuter sind allesamt einfach im Anbau und vielseitig verwendbar, als Küchenkräuter und/oder Heilkräuter. Finden Sie selbst heraus, was in Ihrem Garten oder auf Ihrem Balkon am besten wächst und gedeiht – jedes Plätzchen ist anders. Mit wenigen Grundkenntnissen können Sie den richtigen Standort aussuchen. Aber lassen Sie sich durch Misserfolge nicht entmutigen. Mitunter kann man gar nicht genau bestimmen, warum die Kresse einfach nicht aufgeht oder die Zitronenverbene kümmert. Das ist ein bisschen wie beim Kuchenbacken: Die eine bringt einen tollen Hefeteig zustande, bei dem anderen gelingt der Biskuitteig am besten. Einige Kräuterkundige sind sogar davon überzeugt, dass die (Heil-) Pflanze den Menschen findet und nicht umgekehrt. Wer die Natur und seine Umgebung aufmerksam beobachtet, stellt mitunter wirklich fest, dass Pflanzen besonders gut gedeihen, die benötigt werden, z.B. Hustenkräuter bei Menschen, die oft erkältet sind, oder Kräuter, die bei ständigen Harnwegsinfekten nützlich sind.

Die Vielseitigkeit von Pflanzen

Kräuter sind wie bereits erwähnt vielseitig – doch im Grunde genommen gilt das für die Gesamtheit der Pflanzenwelt, die uns Menschen in vielerlei Hinsicht hilft und dient. Pflanzen beeinflussen die natürliche Umgebung und heben die Stimmung. Untersuchungen zufolge werden Menschen, die in Büros arbeiten, weniger krank, wenn sie von Grünpflanzen umgeben sind. Das gilt auch für Kräuter, die neben der grünen Blattfarbe mit Düften aufwarten, die uns beruhigen und froh machen. Warum also nicht einmal anstelle des Alpenveilchens oder der Kakteen einige Kräuter mit ins Büro nehmen, von denen ab und zu auch ein Blättchen genascht werden darf. Und wie wäre es mit einem Tee aus Zitronenverbenen-Blättern, Zitronengras oder Duft-Pelargonien, der in der Pause schnell zubereitet wird? Oder Sie nehmen sich zur Arbeit einen Quark mit frischen Kräutern mit und die Kinder bekommen ein Kressebrot mit in die Schule. Kräuter finden einfach überall ihren Platz und ihre Bestimmung.

Neben den porträtierten Pflanzen gibt es noch viele weitere Arten und Sorten zu entdecken. In einer Tabelle im Serviceteil AUF SEITE 156 sind weitere schöne und *nützliche Kräuter* aufgelistet. Auf Pflanzenbörsen und in Kräutergärtnereien können Sie sich informieren und inspirieren lassen. Etwas über die natürlichen Lebensbedingungen von Kräutern erfahren Sie außerdem auf Kräuterwanderungen, die vor allem im Frühling und Herbst angeboten werden. Vielerorts gibt es auch Kochkurse speziell mit Garten- und Wildkräutern. Sie lernen dort einiges über die Zubereitung und Konservierung der Pflanzen.

(Fast) alle Kräuter können auch im Topf auf der Fensterbank oder dem Balkon wachsen, auch Rosmarin. Lassen Sie sich am besten in Ihrer Gärtnerei beraten, wenn Sie unsicher sind. Wenn die Pflanzen schwächeln, kommen Sie nach draußen in den Garten und werden wieder aufgepäppelt.

Gärtnereien bieten eine große Auswahl an Kräutern. Es macht Spaß, sich die Pflanzen anzuschauen, zu vergleichen und auszusuchen, was Zuhause wachsen soll. Ganz nebenbei lernen Sie zu den deutschen noch die botanischen Namen.

DER BÄRLAUCH

KAUM EIN ANDERES KRAUT IST SO BELIEBT WIE DER BÄRLAUCH (*ALLIUM URSINUM*). IN DEUTSCHLAND WÄCHST DAS AUSDAUERNDE ZWIEBELGEWÄCHS VOR ALLEM IN NÄHRSTOFFREICHEN UND FEUCHTEN LAUBWÄLDERN UND BREITET SICH DORT IN GROSSEN BESTÄNDEN AUS.

Wenn ab März die gestielten Blätter aus dem Boden treiben, dann sammeln Bärlauchliebhaber fleißig in der freien Natur, um die köstlich schmeckenden Blätter zu sammeln und zu Pesto, Aufstrichen, im Quark oder sonst wie zu verarbeiten. Im Wald erkennen Sie die Bestände übrigens schon an ihrem Knoblauchduft, allerdings kann Bärlauch auch mit giftigen Pflanzen wie dem Aronstab, dem Maiglöckchen oder der Herbstzeitlosen verwechselt werden. Eine genaue Kenntnis der Pflanzen ist beim Pflücken also ganz wichtig.

Einfacher ist es da, sich den Bärlauch in den Garten zu holen und an einem schattigen bis halbschattigen Platz anzusiedeln. Damit er gut anwächst und sich reichlich vermehrt, ist es gut, wenn der Boden vor allem im Frühjahr nicht so trocken ist. Bärlauch selbst zu ziehen, das ist nicht nur Genuss pur, sondern hilft auch, die Bestände in der freien Natur zu bewahren. Wenn Sie hier nämlich zu viel pflücken, verschwinden mitunter große Bärlauchflächen. Wenn die Pflanzen zu blühen beginnen, dann beginnt die Regeneration der Bestände. Die Pflanze zieht ein und die Blätter welken. Das ist auch der Grund, warum die Bärlauchsaison im Mai endet. Die eine oder andere Blüte dürfen Sie aber noch mitnehmen; die Blüten schmecken sehr gut und sind gesund. Übrigens haben schon die Germanen und Kelten – steinzeitlichen Funden zufolge – den Bärlauch gebraucht, und so zählt er wohl zu den ältesten Nutz- und Heilpflanzen Europas.

AB IN DEN GARTEN UND AUF DEN BALKON

Für einen eigenen kleinen Bärlauchbestand im Garten ist es am einfachsten, Topfpflanzen zu setzen. Bärlauchpflanzen in Töpfchen bekommen Sie schon seit einigen Jahren hauptsächlich im April und Mai in gut sortierten Gärtnereien, mitunter sogar in Gartencentern und bei Kräutergärtnereien im Versandhandel. An einem schattigen Standort mit guter Wasserversorgung entwickelt sich Bärlauch gut, wenn er im Abstand von 25 × 25 cm eingepflanzt wird, und zwar so tief, dass die Oberkante des Topfballens mit der des Erdbodens abschließt. Schon im ersten Jahr werden die Pflanzen blühen und Samen bilden, und die sind für die Verbreitung wichtig. Eigentlich könnten Sie gleich nach dem Pflanzen auch ernten, aber

das schwächt die jungen Pflanzen sehr, sie werden weniger stark blühen und nur langsam – wenn überhaupt – einen größeren Bestand bilden. Da ist es besser, sich in Geduld zu üben und erst nach drei Jahren mit der Ernte zu beginnen, dann nämlich wird sich schon eine größere Bärlauchfläche gebildet haben. Damit der Bestand weiter wächst oder sich zumindest über viele Jahre konstant hält, lässt man etwa ein Drittel der Pflanzen unberührt. Die können dann wieder Blüten und Samen bilden und der Kreislauf von Werden und Vergehen bleibt erhalten.
Es spricht auch nichts dagegen, einige Pflanzen auf Balkon und Terrasse zu kultivieren. In größeren Töpfen an einem schattigen Platz und bei guter Wasserversorgung überdauern sie eine Weile und sei es nur für eine Saison. Allerdings werden sie sich nicht so stark ausbreiten wie im Garten, das ist klar. Einen Versuch ist es allemal wert und die Blätter sind viel frischer als aus dem Supermarkt.

VERARBEITUNGSTIPPS

Bärlauchblätter im bunten Salat, in Suppen oder als Butter oder Pesto – Bärlauch kann ganz vielfältig verarbeitet und verwendet werden. In der Suppe oder anderen warmen Speisen wird er ganz zum Schluss zugegeben und kurz mitgegart. Für längere Zeit ist die Temperatureinwirkung allerdings weniger gut, weil der Geschmack des Bärlauchs dann verloren geht.
Sie können Bärlauch sogar einfrieren. Dazu reinigen Sie die Blätter und legen sie nebeneinander auf ein Blech zum Vorfrosten. Sind die Blätter gefroren, werden sie zerbröselt und in Tütchen oder Dosen im Gefrierschrank aufbewahrt und können so zum Würzen genommen werden. Es lohnt sich, Bärlauch auf den Speiseplan zu setzen, denn seine gesunden Inhaltsstoffe sollen Arterienverkalkung vorbeugen und gut für Atemwege, Galle, Leber, Magen und Darm sein.

BÄRLAUCHPESTO

Das Pesto passt zu Nudeln, Fisch und Fleisch und kann als Brotaufstrich verwendet werden.

50 g	abgezogene, gemahlene Mandeln
8 EL	gehackte Bärlauchblätter
1 TL	Meersalz
100 g	geriebener Parmesan
200 ml	Olivenöl

JETZT KOMMT DER FRÜHLING: NICHT NUR IM WALD ODER IN IHREM GARTEN, SONDERN AUCH DIREKT AUF IHREN TELLER.

1
Mandeln, Bärlauchblätter, Meersalz und Parmesan gut vermischen und in saubere kleine Gläser füllen.

2
Das Olivenöl über die Mischung gießen, bis alles bedeckt ist. Die Gläser sofort verschließen und bis zum Anbrechen kühl und trocken lagern. Das Pesto hält verschlossen einige Monate, einmal angebrochen muss es im Kühlschrank aufbewahrt werden.

DAS BASILIKUM

WENN DIE GEDANKEN IN DIE FERNE SCHWEIFEN, ZUM LETZTEN ITALIENURLAUB, ZU SONNE, WÄRME UND MEDITERRANER LEICHTIGKEIT, DANN KOMMT AUCH IRGENDWANN DER DUFT VON BASILIKUM IN DIE NASE.

Zusammen mit Olivenöl und Tomaten wird es Zeit, sich einen sommerlichen Tomaten-Mozzarella-Salat zuzubereiten.
Doch selbst die kultivierten Tomaten stehen nicht immer zur Verfügung, Basilikum können Sie dagegen das ganze Jahr über ziehen; in der kalten Jahreszeit im Haus an einem sonnigen warmen Plätzchen. Am bekanntesten ist das Genoveser Basilikum (*Ocimum basilicum* 'Genovese'), das es in jedem Supermarkt im Topf gibt. Die großen dunkelgrünen Blätter werden gerne für das Genoveser Pesto verwendet, aber es gibt noch viele andere Sorten zu entdecken – einjährige und mehrjährige –, die einen Anbauversuch durchaus wert sind.

AB IN DEN GARTEN UND AUF DEN BALKON

Das Königskraut, wie Basilikum auch genannt wird, stammt aus dem tropischen Indien, ganz klar, dass es auch bei uns einen warmen, sonnigen und geschützten Platz bevorzugt. Basilikum ist neben den Klassikern Petersilie und Schnittlauch eines der beliebtesten und meist gekauften Kräuter.

Doch es bleibt meist bei einer Pflanze im Topf, dem Genoveser Basilikum, das nach ein paar Tagen in der Küche bereits schwächelt und dann nach wenigen Ernten weggeworfen wird. Schade, denn mit der richtigen Pflege kann das Kraut über einen langen Zeitraum frisches Erntegut liefern.

Zu Beginn der Kräuterleidenschaft lohnt es sich, Pflanzen im Topf zu kaufen, die schon gut entwickelt sind. In Gärtnereien ist die Qualität oft besser als im Supermarkt, die Auswahl an Sorten allemal. Mit dem Umtopfen in größere Gefäße und in gute Pflanzenerde sollten Sie dann nicht allzu lange warten. Ab Mai nach den Eisheiligen können die Pflanzen an einem sonnigen Platz auf dem Balkon stehen oder aber in den Garten ausgepflanzt werden. Den Pflanzen tut es gut, wenn sie nach und nach an die Verhältnisse im Freien gewöhnt werden. Sie können eine Zeit lang nur tagsüber rausgestellt werden, dann auch nachts. Auf nährstoff- und humusreicher Erde wächst Basilikum prächtig, vor allem, wenn Sie ab und zu mit einem Flüssigdünger düngen. Meist ist Basilikum einjährig, das heißt, die Pflanzen wachsen, gedeihen und werden in ein und demselben Jahr geerntet. Im Herbst, wenn es kalt wird, gehen die Pflanzen ein. Wer sich damit nicht abfinden kann oder von Basilikum nicht genug bekommt, findet im Kapitel *„Welch eine Vielfalt“* AUF SEITE 84 einige mehrjährige Arten.

BASILIKUM-FRUST

Die Basilikumpflanzen aus dem Supermarkt haben schöne große Blätter und sehen zum Anbeißen aus. Zuhause wird der erste Eindruck dann aber fast immer widerlegt: Spätestens nach einer Woche können die Pflanzen weggeworfen werden. Grämen Sie sich nicht, es geht nicht nur Ihnen so. Das Basilikum wird als Massenware sehr schnell gezüchtet und hält dann auch nicht lange. Mit ein paar Tricks, kann die Lebensdauer aber doch verlängert werden. Entfernen Sie nicht sofort die Plastikumhüllung, warten Sie damit noch ein, zwei Tage und geben Sie beim Gießen acht, denn zu viel Wasser hat meist einen Befall mit Grauschimmel zur Folge, auf zu wenig Wasser reagiert Basilikum empfindlich. Nach einigen Tagen können Sie die Plastikhülle entfernen und das Basilikum umtopfen und dabei die Pflanze gleich teilen.

Um Basilikum zu ernten, zwickt man mit Zeigefinger und Daumen die Triebspitzen ab. Dann verzweigt sich die Pflanze an dieser Stelle und kommt nicht so schnell zur Blüte.

Etwas aufwendiger ist die Aussaat von Basilikum. Am besten ziehen Sie es in Schalen oder Kästchen auf der Fensterbank vor. Basilikum braucht Licht zum Keimen, streuen Sie die Samen also nur auf die vorbereitete Anzuchterde und drücken sie fest, bedecken sie aber nicht mit Erde. Haben sich die Pflänzchen gut entwickelt, dann wird *pikiert* AUF SEITE 57. Obwohl immer wieder zu lesen ist, dass man Basilikum in Büscheln auspflanzt, zeigt doch die Erfahrung, dass einzeln gesetzte Kräuter sich besser entwickeln. Aber das ist sicher auch alles einen Versuch wert.

VERARBEITUNGSTIPPS

Damit Basilikum schön buschig wächst, werden nur die Triebspitzen, keine einzelnen Blätter abgezwickt. Auf diese Weise verzweigt sich die Pflanze gut. Seit der Antike wird Basilikum als belebendes Gewürzkraut geschätzt. Zu Recht, denn es wirkt wohltuend bei Blähungen und Übelkeit, entkrampfend und beruhigend. Ein Tee aus den Blättern kann zum Gurgeln bei Halsentzündungen eingesetzt werden, allein dem Duft werden schon aufbauende, erfrischende und motivierende Wirkungen zugeschrieben. Sein köstlich pfeffriges Aroma passt zu Tomaten, Salaten, Pasta und Pesto, zu Eintöpfen, Gurken, Zucchini und Pilzen.

Durch Einfrieren und Trocknen wird das wunderbare Aroma von Basilikum nur sehr oberflächlich konserviert. Einen Versuch ist es aber wert, zumal die Sorten unterschiedlich im Aroma sind. Das Erntegut muss entweder frisch verwendet werden oder es wird zu Pesto, Öl oder Kräuterbutter verarbeitet. In kochende Speisen sollte es nicht gelangen. Einen guten Vorrat an frischen Pflanzen zu haben, ist also noch wichtiger als bei anderen Kräutern.

Die Blätter der Sorte 'African Blue' sind dunkelrot gezeichnet. Ob im Garten oder Topf, das Basilikum ist sehr robust, bildet richtig große Büsche und lässt sich gut über Stecklinge vermehren.

WELCH EINE VIELFALT!

Neben der üblichen großblättrigen Art *Ocimum basilicum* gibt es noch eine ganze Reihe anderer Arten und Sorten, die sich im Wuchs, im Aussehen und im Aroma unterscheiden.

Zunächst ist aber die Unterscheidung in ein- und zweijährig wichtig, denn Basilikum ist nicht generell einjährig. Es gibt auch mehrjährige Arten, die sich für einen Anbau lohnen, dazu zählt beispielsweise das robuste Strauch-Basilikum (*Ocimum* spec.), das als Busch oder Hochstamm gezogen werden kann. Seine leuchtend violetten Blüten ziehen Hummeln und Bienen magisch an, und so ist nicht nur für den eigenen Genuss gesorgt!

Auch Tulsi, das Indische Basilikum (*Ocimum tenuiflorum*) ist mehrjährig. Sein lateinischer Name lautete früher *Ocimum sanctum*, das Heilige Basilikum, und im Ayurveda ist Tulsi als Vishnus Pflanze bekannt, die vor den Vishnu-Tempeln angebaut wird. Wenn die Pflanze noch klein ist, werden Stängel und Blätter, sonst nur die Blätter verwendet. Im Ayurveda zählt Tulsi zu den besten stressverringernden Pflanzen. Der deutsche Name Indisches Basilikum macht das Herkunftsgebiet Indien deutlich. Tulsi ist auch in Sri Lanka heimisch, heute aber in allen tropischen Ländern eingebürgert.

In der gegenüberliegenden Tabelle sind noch weitere mehrjährige Basilikumarten aufgeführt. Sie werden am besten vorgezogen im Topf gekauft, das Anziehen aus Samen ist etwas heikel und dauert länger.

GUT BETREUT

Im Herbst stirbt das einjährige Kraut, z. B. das Genoveser Basilikum, ab, die mehrjährigen Basilikumarten kommen aber über den Winter, wenn sie ins Haus oder Gewächshaus geholt werden. Optimal sind jetzt Temperaturen zwischen 15 und 20 Grad, eine hohe Luftfeuchtigkeit und viel Licht. Im Alter verholzen mehrjährige Pflanzen zusehends und dann ist es wichtig, dass sie im Winter nicht mehr so viel gegossen werden.

Basilikum ist nicht ganz so einfach zu überwintern wie andere Kräutern. Damit die Pflanzen bei einem missglückten Überwinterungsversuch aber nicht verloren sind, lohnt es sich, *Stecklinge* zu schneiden AUF SEITE 77 und so immer einen Nachschub an Jungpflanzen zu haben. Als Partner im Topf oder Beet passen Tomaten sehr gut. Die beiden Pflanzen ergänzen sich nicht nur in Gerichten, sondern beeinflussen sich auch während ihres Wachstums positiv. Und ein optischer Genuss ist die Kombination sowieso. Rosmarin und Basilikum harmonieren ebenfalls, allerdings benötigt Basilikum mehr Wasser.

DIE ROTLAUBIGEN

Verschiedene Sorten haben eine auffallend schöne rote bis rostrote Blattfärbung. Das liegt am hohen Gehalt des Farbstoffs Anthocyan. Sorten wie 'Dark Opal', 'Chianti' und 'Purple Delight' sehen toll aus im Kräuterbeet und auf dem Teller. Sie schmecken meist etwas herber, sind aber zum Würzen ideal.

Jedes Basilikum braucht es durchgehend warm und sonnig, das müssen Sie bei der Kultivierung im Garten bedenken. In kühleren Gebieten kommen nur robustere Arten und Sorten gut zurecht, wie das Wilde Basilikum oder 'African Blue'. Am besten bleiben die Pflanzen in Töpfen, die man bei schlechtem Wetter auch um- bzw. reinstellen kann.

SORTEN FÜR GARTEN UND BALKON

SORTE	EIGENSCHAFTEN	GESCHMACK
Basilikum 'Zanzibar'	mehrjährige Pflanze, wird etwa 50 cm hoch, braucht viel Licht und viel Wasser	Anisgeschmack mit Kümmel und Koriander
Griechisches Basilikum	einjährige Pflanze, kompakter, buschiger Wuchs, kleine Blätter, nicht so wasserbedürftig wie andere Arten und Sorten	gutes, kräftiges Aroma
Rotes Busch-Basilikum	buschig wachsende, kleine, mehrjährige Sorte mit roten Blättern; etwas schwieriger in der Kultur	kräftiges, leicht herbes Basilikumaroma
Thai-Basilikum	das einjährige Kraut ist in der asiatischen Küche unentbehrlich	anis- und lakritzartiger Geschmack
Zimt-Basilikum	einjähriges Kraut mit rosa Stängeln und Blüten	süßes Zimtaroma
Zitronen-Basilikum	robuste einjährige Pflanze mit kleinen behaarten Blättern	fruchtiges, süßes Limonenaroma

BASILIKUM WIRD EINE LIBIDO STEIGERNDE WIRKUNG NACHGESAGT. WENN DAS KEIN GRUND IST IMMER EIN PAAR BLÄTTCHEN PARAT ZU HABEN?

DAS BOHNENKRAUT

SCHON ZUR ZEIT KARLS DES GROSSEN GEHÖRTE BOHNENKRAUT IN DIE KLOSTER- UND KRÄUTERGÄRTEN. MIT SEINEM PFEFFRIGEN AROMA MACHT BOHNENKRAUT NÄMLICH DEFTIGE GERICHTE BEKÖMMLICH UND PASST – WIE SOLLTE ES ANDERS SEIN – BESONDERS GUT ZU BOHNENGERICHTEN.

Aber auch Gurken, Tomaten, Fisch und Eintöpfe schmecken mit ein wenig Bohnenkraut aromatischer. Das Kraut stammt aus dem östlichen Mittelmeerraum und war lange Zeit eine der wichtigsten Würzpflanzen in Europa. In den früheren Bauerngärten durfte Bohnenkraut deshalb nicht fehlen. Doch Bohnenkraut ist nicht gleich Bohnenkraut, es gibt nämlich zwei Arten zwischen denen eine Wahl getroffen werden kann, wenn man nicht gleich beide in die Riege der Kräuterpflanzen mit aufnimmt. Der Duft von Sommer-Bohnenkraut erinnert an eine Mischung aus Thymian, Minze und Majoran, gepaart mit leichtem zitronigen Geschmack. Das Winter-Bohnenkraut hat dagegen derbere Blätter, die noch kräftiger im Geschmack sind.

AB IN DEN GARTEN UND AUF DEN BALKON

Das Sommer-Bohnenkraut (*Satureja hortensis*) kennt man auch als Einjähriges Bohnenkraut oder Pfefferkraut, denn es ist einerseits recht scharf und wurde andererseits früher als Pfefferersatz genommen, denn Pfeffer war lange Zeit ziemlich teuer. Übrigens ist auch die *Garten-Kresse* AUF SEITE 110 als Pfefferkraut bekannt. Solche Doppelungen von Trivialnamen gibt es im Pflanzenreich häufiger. Wie gut, dass es botanische Namen gibt, die ganz eindeutig nur einer einzigen Pflanze gehören.

Einjähriges Bohnenkraut wächst im Garten, aber auch im Topf und sogar auf der Fensterbank, wenn man ihm nur einen sonnigen Platz gibt. Das einjährige Kraut wird ab April im Garten oder im Topf ausgesät und als Lichtkeimer dann nicht mit Erde bedeckt. Es braucht ein wenig Platz um sich herum, bewährt hat sich ein Abstand zur Nachbarpflanze von 25 cm. Zwischen Bohnen ausgesät hält es dem Gemüse die Blattläuse fern. Von Juli bis Oktober blüht Sommer-Bohnenkraut, kurz vor und während der Blüte ist das Aroma am intensivsten. Dann ist die beste Zeit zum Ernten: Das komplette Kraut wird 10 cm über der Erde abgeschnitten. Im nächsten Frühjahr müssen Sie es erneut aussäen. Wer selber Samen ernten will, lässt ein paar Pflanzen stehen und Samen bilden.

Das Mehrjährige oder Winter-Bohnenkraut (*Satureja montana*) passt gut in Stein- und Kräutergärten und wird etwas höher als die einjährige Schwester. Es ist

Im Mittelalter war Bohnenkraut als „Arme-Leute-Gewürz" bekannt, weil es wegen seiner pfeffrigen Note als Pfefferersatz verwendet wurde. Wenn Ihnen also die Pfefferkörner ausgehen, nehmen Sie das Bohnenkraut aus dem Garten.

vor allem auch unter dem Namen Berg-Bohnenkraut bekannt, wahrscheinlich weil es Kälte gut verträgt und recht anspruchslos ist. In Gärtnereien gibt es eine gute Auswahl an Topfpflanzen und noch eine spezielle Unterart, das Zitronen-Bohnenkraut. Es schmeckt aromatisch mit einer zitronigen Note und ist vielseitig verwendbar. Über viele Monate kann ausdauerndes Bohnenkraut geerntet werden, das Abknipsen der Triebe und Blätter fördert sogar die Triebbildung. Nach jedem starken Schnitt kann gedüngt werden, z. B. mit Hornspänen, damit die Pflanze nicht zu sehr verholzt.

VERARBEITUNGSTIPPS

Im Gegensatz zum Basilikum lässt sich Bohnenkraut wunderbar trocknen und auch einfrieren. Um sich ein wenig die Arbeit zu erleichtern, können Buschbohnen nach dem Blanchieren zusammen mit einem Sträußchen Bohnenkraut eingefroren werden. Zum Trocknen werden die Triebe büschelweise verkehrt herum aufgehängt oder aber im Dörraparat erwärmt und später in Dosen oder Gläser abgefüllt.

Beim Erhitzen geht die Schärfe des Krautes übrigens verloren, wer sie gerne erhalten will, der muss das frische oder getrocknete Kraut erst kurz vor dem Servieren zum Gericht geben. Soll das intensive Aroma dagegen etwas abgemildert werden, kocht man das Kraut einfach etwas länger mit.

Aus medizinischer Sicht ist das Bohnenkraut gut für Magen und Darm. Es fördert die Verdauung und hilft zudem bei Blähungen. Ein Tee aus den Blättern kann Husten lindern.

KICHERERBSENSALAT

Der Salat ist für 4 Personen geeignet und passt gut zu Fladenbrot und Rotwein.

1 Dose	Kichererbsen
1–2 EL	schwarze Oliven
1 Dose	Thunfisch
1 Bund	frisch gehacktes Bohnenkraut
	Kapern nach Belieben
2 EL	Olivenöl
2 EL	Essig
	Salz, Pfeffer

1

Die Kichererbsen abtropfen lassen, dann mit Oliven und Thunfisch gut vermischen. Fein gehacktes Bohnenkraut und eventuell Kapern zugeben und unterheben.

2

Aus Olivenöl, Essig, Salz und Pfeffer eine Marinade bereiten und unter den Kichererbsensalat mischen.

KICHERN MUSS MAN NICHT BEIM GENUSS VON KICHERERBSEN. „CICER" IST DAS LATEINISCHE WORT DER RÖMER FÜR DIESE ERBSE.

DER BORRETSCH

NICHT UMSONST WIRD BORRETSCH (*BORAGO OFFICINALIS*) AUCH ALS GURKENKRAUT BEZEICHNET, DENN DAS EINJÄHRIGE KRAUT HAT NICHT NUR EINEN ÄHNLICHEN GESCHMACK WIE GURKEN, SONDERN PASST AUCH PERFEKT IN DEN GURKENSALAT.

Eingeordnet wird es botanisch in die Familie der Raublattgewächse und auch das ist ziemlich gut nachvollziehbar, denn Stängel und Blätter sind rau behaart. Diese Behaarung ist ein gutes Erkennungszeichen für Borretsch, genauso wie die wunderschönen blauen Blüten, die von Mai bis in den Oktober hinein gebildet werden. Da Borretsch geringe Mengen vermutlich leberschädigender Stoffe enthält, sollte man ihn in Maßen genießen, trotzdem kann man im Garten nicht genug davon bekommen. Borretsch füllt nämlich auf dekorative Weise Lücken in

den Beeten – immerhin wird er bis zu 1 m hoch – und lockt mit den schönen Blüten viele Insekten an. Er zählt deshalb zu den sogenannten Bienenweidepflanzen.
Ursprünglich stammt Borretsch aus dem Mittelmeerraum und wurde im Altertum als Heilpflanze geschätzt. Blätter, Blüten und Samen sollten nämlich die Melancholie vertreiben. Wissenschaftlich wurde das bisher nicht bestätigt, doch in England gibt es noch heute ein Sprichwort, das heißt: „Borage for courage" und bedeutet so viel wie „Borretsch macht Mut". Das sollten Sie zumindest einmal ausprobieren!

Borretsch sieht bezaubernd aus, nicht nur in Blau, auch in Weiß. Die dicht behaarten Stängel und Blätter schimmern im Gegenlicht und machen die Pflanze zu einem echten Hingucker. Sie passt sogar ins Blumenbeet und samt sich dort aus, wo es ihr am besten gefällt.

AB IN DEN GARTEN UND AUF DEN BALKON

Saatgut ist nicht schwierig zu bekommen, vielleicht müssen Sie es noch nicht einmal kaufen. Borretsch samt sich nämlich sehr zuverlässig aus, und eine wohlmeinende Nachbarin und liebe Gärtnerin gibt sicher gerne etwas Saatgut ab. Möglicherweise sind Sie dann bald selbst in der Lage, Samen zu verschenken. Was anfangs so schön ist, kann mitunter allerdings zur Plage in Gärten werden, dann nämlich, wenn sich der Borretsch am Standort sehr wohlfühlt und überhandnimmt. Scheuen Sie sich dann nicht, Pflanzen auszureißen. Sie können z. B. kleingeschnitten als Mulch zwischen Gartenpflanzen dienen. Meistens taucht er aber nur hier und da auf und ist ein angenehmer Gartengast.
Ausgesät wird von April bis Juni, und weil Borretsch ein Dunkelkeimer ist, werden die Samen mit Erde bedeckt. Im Garten können Sie ihn auch breitwürfig aussäen, ohne dass Sie sich weiter um ihn kümmern müssen, denn einige Samen werden auf jeden Fall keimen. Für die Kultivierung auf der Fensterbank ist Borretsch wegen seiner Größe ungeeignet, auf dem Balkon kann er aber gedeihen, wenn er eine nährstoffreiche und leicht kalkhaltige Erde bekommt.

VERARBEITUNGSTIPPS

Frisch geerntet halten Blüten und Blätter nicht allzu lange, sie sollten deshalb erst unmittelbar vor dem Verzehr gepflückt werden. Das gurkenähnliche Aroma ist übrigens nur im frischen Zustand vorhanden, am besten werden die Blätter deshalb in schmale Streifen geschnitten und Salaten oder Suppen zugegeben. Für die hübschen Blüten ist die Verwendung ziemlich eindeutig: Sie werden als besondere essbare Dekoration jedes Gericht verzaubern und machen sich vor allem in der Sommerbowle oder im Obstsalat gut. *Konservieren* können Sie die Blüten in Eiswürfeln AUF SEITE 72 oder aber sie werden kandiert wie Veilchenblüten. Blüten und Blätter sind jedoch auch im *Kräuteressig* AUF SEITE 73 ein Genuss. Die aromatischen Inhaltsstoffe ziehen in den Essig, der sich dann bestens für den Gurkensalat eignet.
Als Klassiker ist Borretsch in der berühmten Frankfurter Grünen Soße vertreten. Die Blätter können zudem wie Spinat gedünstet werden, verlieren dann aber an Aroma.

BORRETSCH – KRÄUTERHEILKUNDE

Hauptsächlich sind Schleimstoffe im Borretsch enthalten und die sind gut für die Bronchien. Deshalb ist bei Erkältung und Husten ein Tee aus den Blättern des Krautes hilfreich. Ein Borretschtee soll außerdem harntreibend, nervenberuhigend und stimmungsaufhellend sein. Interessant ist aber nicht nur die innere Anwendung, auch im kosmetischen Bereich kann Borretsch eingesetzt werden. Ein Presssaft aus den Blüten und Stängeln erfrischt müde aussehende und blasse Haut.

DIE BRENNNESSEL

EIN UNKRAUT SAGEN DIE EINEN, EIN WUNDERBARES HEIL- UND KÜCHENKRAUT SAGEN DIE ANDEREN – AM BESTEN, SIE MACHEN SICH SELBST EIN BILD.

Der Kräuterpfarrer Johann Künzle (1857–1945) soll einmal gesagt haben: „Hätte die Brennnessel keine Stacheln, wäre sie schon längst ausgerottet, so vielseitig sind ihre Tugenden." Und so unangenehm die Berührung mit ihr sein kann, die Brennnessel ist als Heilmittel und Nahrungsmittel ein Multitalent.

Wenn von der Brennnessel die Rede ist, wird meistens die Große Brennnessel (*Urtica dioica*) darunter verstanden, die mit einer Höhe von bis 1,50 m recht imposant wird. Ihre kleine Schwester (*Urtica urens*) wird dagegen nur etwa 40 cm groß.

AB IN DEN GARTEN UND AUF DEN BALKON

An nährstoffreichen Standorten, Zäunen, Wegrändern, in Gräben und am Waldrand ist die Brennnessel natürlicherweise zu finden, und sie taucht auch oft in Gärten auf, wenn man ihr ein Plätzchen gewährt. Zum Schaden der Gärtnerin wird das auf jeden Fall nicht sein. Wer Spaß daran hat kann versuchen, sich einige Brennnesselsamen aus der Natur zu sammeln. In einem Kübel mit nährstoffreicher Erde wird sich die wehrhafte Pflanze mit Sicherheit gut entwickeln.

VERARBEITUNGSTIPPS

Vitamine, Mineralstoffe, Spurenelemente, Gerbstoffe, Flavonoide, pflanzliche Eiweiße, Chlorophyll und noch mehr enthält die Brennnessel, von der alle Teile verwendbar sind. Aus den Brennnesseltriebspitzen kann ein leckeres Gemüse zubereitet werden. Keine Sorge, durch das ganz kurze Abkochen der Blättchen geht die brennende Wirkung verloren, die Inhaltsstoffe bleiben ansonsten aber weitgehend erhalten.

Eine Frühjahrstee-Kur aus den jungen Blättern wird oft zur Mobilisierung und zur Blutreinigung empfohlen, weil viele Giftstoffe aus dem Körper ausgeschwemmt werden. Am besten trinken Sie zehn Tage lang eine Tasse Tee am Tag, dann zehn Tage lang zwei Tassen und zum Schluss zehn Tage lang drei Tassen Tee täglich. Für eine Tasse übergießen Sie 1–2 Teelöffel getrocknete Brennnesselblätter mit 150 ml kochendem Wasser. Nach 5–10 Minuten seihen Sie die Blätter ab und trinken den Tee in kleinen Schlucken. So ein Tee dient aber nicht nur als Frühjahrskur. Brennnesseln sind auch bekannt wegen ihrer Wirkung bei Harnwegsbeschwerden. Bei Reizblase und Prostatabeschwerden kann ein Tee Abhilfe schaffen. Auch als Frischpflanzenpresssaft ist das Brennnesselkraut wirkungsvoll. Die entzündungshemmenden Wirkstoffe der Pflanze kommen hier voll zur Wirkung und lindern arthritische und rheumatische Beschwerden.

Neben den Blättern und dem ganzen Kraut stecken ebenfalls Samen und Wurzel voller Heilkräfte. Vor allem die Samen sind echte Powerpakete, weil sie Vitalität und Leistungsfähigkeit stärken. Aus den Wurzeln können Sie ein Haarwasser herstellen, das bei Haarausfall und Schuppen hilft. Es wird lediglich ein sauberes Schraubglas zur Hälfte mit klein geschnittenen sauberen Brennnesselwurzeln gefüllt und das Ganze mit Apfelessig aufgegossen. Das verschlossene Glas kommt für drei bis vier Wochen an einen sonnigen Platz, dann werden die Wurzelstücke abgefiltert und das Haarwasser in dunkle Flaschen gefüllt. Massieren Sie bei Bedarf Haaransatz und Kopfhaut damit ein.

Ernten können Sie die jungen Blätter von März bis Juni, das blühende Kraut von Juni bis August und die Samen von August bis September. Die Wurzeln haben den höchsten Gehalt an Inhaltsstoffen im Oktober und November.

Keine Angst, die Brennnesselernte ist ganz gefahrlos, wenn Sie Handschuhe tragen. Am zartesten sind die Blätter im Frühjahr und dann können sie auch ganz vielseitig eingesetzt werden: im Salat, als Tee für eine Frühjahrskur, für Ihre Haare oder für einen Brennnesselauszug. Trauen Sie sich!

Brennnesseln sind bei Schmetterlingen so beliebt, weil ihre Raupen hier wichtiges Futter finden. Also doch eine kleine Brennnesselecke im Garten einrichten?

DIE BRUNNENKRESSE

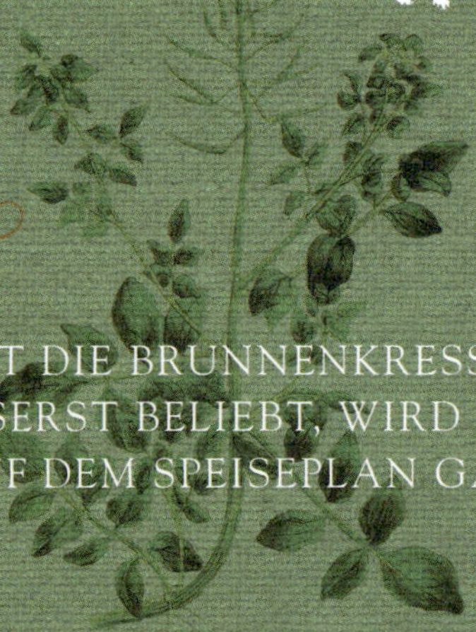

IN ENGLAND IST DIE BRUNNENKRESSE (*NASTURTIUM OFFICINALE*) ÄUSSERST BELIEBT, WIRD HÄUFIG ANGEBAUT UND STEHT AUF DEM SPEISEPLAN GANZ WEIT OBEN.

Das ist gut so, denn die wintergrüne, krautige Pflanze ist sehr gesund. Ihr wird sogar eine positive Wirkung zur Vorbeugung gegen Krebs nachgesagt. Grund genug, sie auch bei uns im Garten oder auf dem Balkon zu kultivieren. In der Natur wächst die Brunnenkresse, die auch als Wasserkresse oder Bachkresse bekannt ist, an Quellen, Bachläufen und Teichen. Die Versorgung mit sauerstoffreichem Wasser ist für ihr Wachstum sehr wichtig, nicht nur in der Natur, sondern auch im Garten oder auf dem Balkon. Ein dauerfeuchter, humoser Boden sagt der Brunnenkresse zu, ein halbschattiger Standort ist optimal. Aber die Brunnenkresse verträgt auch Sonne, allerdings nur in Maßen.

Ein besonderer Pluspunkt für die Brunnenkresse ist die Erntezeit, die zwischen September und Mai liegt. Die Blätter und Triebe liefern gerade in der vitaminarmen Winterzeit frisches Grünzeug.

Die Brunnenkresse enthält viele Vitamine und Mineralien. Hippokrates, der berühmte Arzt der Antike, soll ein Krankenhaus in der Nähe eines Baches erbaut haben, um so immer mit Brunnenkresse versorgt zu sein.

AB IN DEN GARTEN UND AUF DEN BALKON

An stehenden Gewässern, auf einem sonnigen humosen Standort oder gar in der Nähe einer Viehweide ist es wenig ratsam, Brunnenkresse zu ernten. Die Belastung mit krankheitserregenden Keimen kann hier recht hoch sein. Diese Gefahr besteht beim Anbau im Garten oder im Trog auf dem Balkon nicht, wenn Sie für sauberes sauerstoffreiches Wasser sorgen. Im Garten wächst die Brunnenkresse z. B. gut am unteren Ende einer *Kräuterspirale* AUF SEITE 62, die in einen kleinen künstlichen Bachlauf mündet. Wenn die „Füße“ der Brunnenkresse etwa 15 – 30 cm im Wasser stehen, das gemächlich dahinplätschert, wird sich die Sumpfpflanze sichtlich wohlfühlen, und das kann auch in der Uferzone eines Teiches der Fall sein. Wichtig ist vor allem der Sauerstoffgehalt des Wassers, der zur Not auch durch eine Teichpumpe erhöht werden kann. Steht die Brunnenkresse an einem schattigen Platz im humosen Gartenbeet, muss sie täglich gegossen werden. Wenn kein idealer Standort zum Auspflanzen zur Verfügung steht, dann kommt die Brunnenkresse in einen Kübel oder Kasten auf den Balkon oder in einen Topf ans Küchenfenster.

Es gibt zwei Möglichkeiten an Jungpflanzen zu kommen: Entweder Sie kaufen sie im Gartencenter oder einer Gärtnerei oder ziehen sie selbst aus Samen. Saatgut gibt es bei anderen Kräuterbegeisterten, die bereits Brunnenkresse anbauen oder im Fachhandel. Zur Aussaat eignet sich eine Plastikschale gut, die mit Anzuchterde gefüllt und gut gewässert wird. Die Samen streut man über die Erde und drückt sie gut an, als Lichtkeimer dürfen sie nicht mit Erde bedeckt werden. Bei warmen 20 Grad erscheinen die ersten Keimlinge nach spätestens 20 Tagen. Haben die Pflänzchen sich gut entwickelt, können Sie sie auspflanzen.

BRUNNENKRESSE AUSPFLANZEN

In Plastiktöpfen ist die Brunnenkresse gut aufgehoben, Terrakottagefäße trocknen viel zu schnell aus. Füllen Sie einen Topf oder Blumenkasten mit Abzugsloch zu einem Viertel mit grobem Kies oder Tonscherben. Darauf kommt eine Mischung aus Gartenerde, grobem Sand und Kompost. Der Pflanztopf wird nun in ein größeres wasserundurchlässiges Gefäß gestellt. Mithilfe der Dränage und durch den Übertopf kann das Wasser immer gut abziehen. Die Erde muss stets feucht gehalten werden und das Wichtigste: Mindestens einmal wöchentlich sollten Sie das Wasser abgießen und durch neues ersetzen. Im Winter halten die Pflanzen übrigens bis zu – 10 Grad aus. Wird es noch kälter, verpackt man die Töpfe am besten mit Noppenfolie und deckt die Gartenpflanzen gut ab.

VERARBEITUNGSTIPPS

Für das Trocknen ist die Brunnenkresse überhaupt nicht geeignet. Sie verliert dadurch gänzlich ihr Aroma. Aber das muss ja auch nicht sein. Wenn Sie einige Pflanzen in Küchennähe ziehen, haben Sie schnell frische Blätter und Triebe zur Hand. Mit dem frischen, etwas scharfen Geschmack passen sie vor allem in Suppen und Salate. Durch einen regelmäßigen Schnitt treiben die Pflanzen immer wieder neu aus, sodass Sie den ganzen Winter über bis ins nächste Frühjahr ernten können.

DAS CURRYKRAUT

SEIN ERKENNUNGSZEICHEN IST DER DUFT, DER SICH BESONDERS NACH EINEM WARMEN REGEN OFFENBART UND DAS AROMA IST UNVERWECHSELBAR.

Wer gerne Curry in der Küche verwendet, afrikanische und asiatische Gerichte mag, der kommt ohne Currykraut (*Helichrysum italicum* subsp. *serotinum*) eigentlich gar nicht aus. Typisch für das Kraut sind aber auch die gräulich weiß behaarten schmalen Blätter. Botanisch gesehen handelt es sich beim Currykraut, auch Currystrauch genannt, um einen Korbblütler aus Südwesteuropa, der am Naturstandort auf offenen flachgründigen und trockenen Böden wächst und dort auch bis zu 2 m hoch wird. Wie Rosmarin und Lavendel zählt das Currykraut zu den Halbsträuchern, denn seine Triebe verholzen mit der Zeit.

Sehr bekannt ist das Öl der Immortellen, wie die Art *Helichrysum italicum* auch genannt wird. Es kommt in der Kosmetik und in der Heilkunde zum Einsatz, ist entzündungshemmend und hilft bei Prellungen und blauen Flecken. Immortellenöl darf allerdings nur äußerlich angewendet werden.

AB IN DEN GARTEN UND AUF DEN BALKON

Bekommt das Currykraut einen Platz, der dem Naturstandort ähnelt, wird es sich schnell wohlfühlen und gut gedeihen. Trockene, leichte Böden in voller Sonne, die nicht allzu nährstoffreich sind, bieten Stein- und Kräutergärten und auch die oberste Zone der Kräuterspirale. Neben der Art sind nur wenige Sorten im Handel erhältlich, eine davon ist 'White Barn' mit senfgelben Trieben und einem süßlich milden Curryaroma. Die angebotenen Pflanzen erreichen eine Höhe von etwa 40–60 cm, es gibt aber auch noch einen Zwerg-Currystrauch, der sehr kompakt wächst und nur etwa 20 cm hoch wird.
Mit der Winterhärte ist es beim Currykraut nicht allzu weit her. Bei –15 Grad wird es kritisch, sollte es noch kälter werden, muss der Strauch gut eingepackt oder mit Reisig abgedeckt werden. Auf Balkon und Terrasse ist der Winterschutz etwas einfacher, da stellt man den Kübel an einen geschützten Platz und umwickelt ihn mit Noppenfolie, die sehr gut isoliert.
Der Anbau von Currykraut ist weder im Garten noch auf dem Balkon schwierig, nur beim Gießen müssen Sie ein wenig Acht geben. Die oberste Erdschicht sollte erst abgetrocknet sein, bevor wieder Wassernachschub kommt.

Currykraut ist immer noch recht wenig bekannt, dabei fügt es sich beinahe überall im Garten ein. Für die Topfbepflanzung ist das Zwerg-Currykraut gut geeignet; die Pflanze bleibt klein und kompakt, ohne dabei an Würzkraft gegenüber der großen Schwester zu verlieren.

ITALIENISCHE STROHBLUME

Das Currykraut ist noch unter einem anderen Namen bekannt: Als Italienische Strohblume kann es in die Riege der Immortellen, der Unsterblichen, eingereiht werden. Die papiernen gelben Blüten halten auch wirklich beinahe eine Ewigkeit und passen wunderbar in Trockensträuße. Dafür werden die blühenden Triebe schon bald nach Öffnung der Blüten im Juni/Juli geschnitten, dann nämlich machen sie eine „halbe Ewigkeit" Freude.

Wer noch mehr von dem aromatischen Strauch haben möchte, der schneidet sich im Frühsommer *Stecklinge* AUF SEITE 77, die bald bewurzeln und dann ausgepflanzt werden können.

VERARBEITUNGSTIPPS

Bei Bedarf können Sie einzelne Blätter abpflücken. Um sich einen kleinen Vorrat anzulegen, wird die ganze Pflanze nach der Blüte oder zu Austriebsbeginn im Februar/März auf ein Drittel heruntergeschnitten. Die Triebe lassen sich im Dörrapparat oder an einem warmen, luftigen Platz gut trocknen. Anschließend streift man die Blättchen ab und bewahrt sie trocken und dunkel in einer Dose auf.
Als Curryersatz ist das Kraut unschlagbar. In Reis, Soßen und Fleischgerichten kocht man die Zweigspitzen kurz mit und entfernt sie vor dem Anrichten oder fügt die getrockneten Blättchen hinzu.

DER DILL

FILIGRANE BLÄTTER UND GROSSE GELBE BLÜTENDOLDEN ZEICHNEN DEN DILL (*ANETHUM GRAVEOLENS*) AUS, DER AM RICHTIGEN STANDORT EINE IMPOSANTE HÖHE VON 1 METER UND MEHR ERREICHEN KANN.

Ursprünglich stammt der Doldenblütler aus Indien, ist heute aber vor allem in Deutschland und anderen nordeuropäischen Ländern heimisch. Bei dem Gedanken an Kindheitstage ist Dill uneingeschränkt mit eingemachten Gurken verbunden, die noch im Winter knackig sind und sehr aromatisch schmecken. Nicht umsonst ist Dill auch als Gurkenkraut bekannt.

Wie viele andere Kräuter war auch der Dill schon in der Antike bekannt und beliebt, vor allem als Heilkraut. Heute weiß man, dass das Gemisch aus verschiedenen ätherischen Ölen und ein hoher Gehalt an Vitaminen und Mineralstoffen tatsächlich sehr gesund sind. Vor der Blüte sammelt sich das ätherische Öl in den Dillspitzen und es entwickelt sich ein besonders harmonisches Aroma aus Anis, Kümmel und Petersilie. So manch einer riecht auch noch etwas Zitrone heraus. Später sammelt sich das Aroma in den Blüten, aus denen sich dann die Früchte entwickeln.

AB IN DEN GARTEN UND AUF DEN BALKON

Im abwechslungsreichen Kräutergarten darf Dill nicht fehlen, der mit seinem besonderen Aroma viele Gerichte bereichert. „Dill möchte den Kopf im Feuer der Sonne und die Füße im feuchten Schatten haben", besagt eine alte Gärtnerregel, die bis heute nichts an Wahrheit verloren hat. Neben einem sonnigen Platz braucht er einen lockeren durchlässigen Boden mit einer gleichmäßigen Feuchtigkeit. Eine Mulchschicht zwischen den Reihen oder um die Pflanzen herum, die die Feuchtigkeit im Boden bewahrt, mag das Gurkenkraut deshalb auch besonders gern.

Ausgesät werden kann Dill ab April bis Ende Mai. Wenn der Garten groß genug ist, können Sie alle 14 Tage ein bis zwei Reihen aussäen, so haben Sie über einen längeren Zeitraum frisches Dillgrün. Die Pflanzen entwickeln sich gut, wenn zwischen den Reihen ein Abstand von 25–30 cm eingehalten wird. Stehen sie zu eng, muss vereinzelt werden. Ein Versetzen der Pflanzen wird Ihnen aber nicht gelingen, die Pfahlwurzeln werden abgerissen und verhindern dann ein neues Anwachsen. Bis die ersten Pflänzchen aus der Erde spitzen, vergeht eine Weile, denn wie bei allen Doldenblütlern dauert die Keimung etwas länger. Es ist deshalb eine gute Alternative, den Dill in Mischkultur mit Gurken, Zwiebeln und Salat auszubringen, die früher keimen. Sie sehen dann schneller die Gemüsereihen und können besser zwischen den Reihen hacken. Außerdem fördert Dill das Wachstum der Mischkulturpartner.

Obwohl der Anbau von Dill unkompliziert ist, will er doch in manchen Gärten einfach nicht keimen. Oft liegt das an einem Befall mit Wurzelläusen, die vor allem auf sandigen Böden auftreten. Es kann helfen, wenn Sie etwas Kompost unter die Erde mischen. Der Befall mit Wurzelschädlingen ist auch der Grund, warum Dill nur alle vier bis fünf Jahre an dieselbe Stelle im Garten ausgesät werden sollte. Wenn Sie immer einige Pflanzen bis zur Samenreife stehen lassen, müssen Sie sich um die Aussaat gar nicht mehr kümmern, denn das erledigen die Pflanzen durch Aussamen dann ganz von selbst.

Die Auswahl an Sorten ist nicht riesengroß, empfehlenswert sind für den Garten sogenannter Tetra-Dill und die Sorten 'Elefant' und 'Sari'. Für den Anbau im Topf gibt es besonders kleinwüchsige Sorten, z. B. 'Topfdill Delikat'. Aber auch die niedrigeren Sorten bilden recht lange Wurzeln, deshalb ist ein hohes Gefäß für den Dill günstig, sonst wird er sich nicht gut entwickeln.

DILL VERMEHREN

Es ist ganz einfach, eigenes Saatgut zu gewinnen. Sobald die Samen sich braun färben, schneiden Sie die Blütendolden ab und hängen sie zum Trocknen kopfüber an einem warmen, luftigen Platz auf.

VERARBEITUNGSTIPPS

Den ganzen Sommer über können Dillspitzen und Blüten geerntet werden, die klein gehackt oder im Ganzen zu den verschiedensten Gerichten schmecken. Mitgekocht werden darf Dill aber nicht, er verliert sofort seinen charakteristischen Eigenduft. Zum Trocknen sind die zarten Blättchen nicht geeignet, zum Einfrieren dagegen sehr gut. Die Triebe werden gewaschen, gut abgeschüttelt und in Gefrierbeuteln eingefroren.

DILLGURKEN

Zutaten für 4 Gläser. Die Gurken halten sich problemlos mindestens 1 Jahr.

2 kg	Einlegegurken
600 ml	Essig
700 ml	Wasser
180 g	Zucker
2 EL	Salz
4	Kirschblätter
4	Dillblüten
4	Knoblauchzehen
1 Tütchen	Einmachhilfe

LEGEN SIE SICH EINEN VORRAT AN.
DER NÄCHSTE WINTER KOMMT BESTIMMT!

1

Die Gurken gründlich unter kaltem Wasser abbürsten. In einen großen Topf kaltes Wasser und 2 EL Salz geben und die Gurken über Nacht hineinlegen. Anschließend abspülen und die Enden abschneiden.
In verschließbare Gläser füllen.

2

Essig, Wasser, Zucker, Salz und alle anderen Zutaten bis auf die Einmachhilfe kurz aufkochen lassen, vom Herd nehmen und die Einmachhilfe einrühren. Den Sud gleichmäßig auf die Gurkengläser verteilen, sodass alle Gurken mit Flüssigkeit bedeckt sind. Gläser fest verschließen.

3

Werden die Gläser kühl und dunkel gelagert, halten sich die Gurken einige Wochen. Werden die Gläser bei 90 Grad 30 Minuten im Einkochtopf erwärmt, halten sie mindestens 1 Jahr.

DER ESTRAGON

ARTEMISIA DRACUNCULUS IST DER BOTANISCHE NAME DES ESTRAGON, DER VOM LATEINISCHEN WORT DRACO ABGELEITET WURDE, WAS DRACHE ODER SCHLANGE BEDEUTET.

Man glaubte früher nämlich, dass Estragon bei Schlangenbissen helfen würde. Namen wie Drachenkraut oder Schlangenkraut wurden ihm im Volksmund für diese wunderbare Wirkkraft gegeben. Ob Estragon tatsächlich gegen Schlangenbisse wirksam ist, bleibt bisher ungeklärt, das winterharte, mehrjährige Kraut ist auf jeden Fall in der Küche vielfältig zu gebrauchen. In der feinen französischen Küche kam Estragon im 17. Jahrhundert in Mode und bekannt ist er als Zutat bei der französischen Kräutermischung „Fines Herbes“. In der Naturheilkunde wird er wegen seiner verdauungsfördernden und harntreibenden Wirkung geschätzt.

Vom Estragon gibt es zwei Varietäten: den Russischen Estragon, der als Urform gilt, und den Deutschen, Echten oder auch Französischen Estragon, eine Kulturform. Es handelt sich um eine mehrjährige Pflanze, die sich schön verzweigt und bei einem passenden Standort bis zu 120 cm hoch wird.

AB IN DEN GARTEN UND AUF DEN BALKON

In Punkto Geschmack ist die beste Wahl beim Estragon, die französische beziehungsweise deutsche Kulturform, die zwar etwas empfindlicher und anspruchsvoller ist, was tiefe Temperaturen und den Standort angeht, dafür ist ihr fein-würziges Aroma aber deutlich besser. Im Garten liebt Estragon warme Lagen und einen humosen Boden, der die Feuchtigkeit gut halten kann. Er benötigt viel Platz, das muss mit einkalkuliert werden. Lässt die Pflanze nach einigen Jahren im Wuchs nach, dann kann man sie durch *Stecklinge* vermehren AUF SEITE 77. Neue Estragonpflanzen kommen dann an einen anderen Platz im Garten.

Eine Pflanze versorgt eine vierköpfige Familie mit frischem Grün. Am meisten Aroma und Inhaltsstoffe haben die Blätter und Triebspitzen kurz vor der Blüte, ernten können Sie aber über die ganze Vegetationszeit. Ob er im Topf gut gedeiht, müssen Sie mit den Gegebenheiten vor Ort selbst ausprobieren – wenn er sich wohlfühlt und üppig wächst, benötigt er auch auf dem Balkon viel Platz. Gerade dem Deutschen Estragon wird eine geringere Winterhärte nachgesagt, obwohl diese auch standortabhängig ist. Ein Winterschutz aus Reisig schadet aber sicher nicht.

VERARBEITUNGSTIPPS

Frisch verwendet zu Soßen, Salaten, Quark, Suppen, Geflügel, Kräuteressig, Kräuterbutter oder zum Einlegen von Gurken oder als Teezutat ist der Estragon mit seinem anisartigen Aroma unschlagbar. Das Kraut kann längere Zeit mitgekocht werden, verliert dann zwar seinen Duft, der Geschmack bleibt in den Gerichten aber erhalten. Einen besonders aromatischen und harmonischen Geschmack liefert Estragon in Verbindung mit Zitrone und Petersilie. Um einen Vorrat an Estragon anzulegen, können Sie die gehackten Blätter portionsweise einfrieren. Das Aroma leidet nicht allzu stark darunter. Das gilt auch für das Trocknen, bei dem sich Aromastoffe verflüchtigen. In der Kräutermischung „Fines Herbes" werden die Blätter allesamt getrocknet verwendet; dem Gesamteindruck und Geschmack schadet das nicht.

FINES HERBES

Zutaten für einen kleinen Vorrat. Wer mehr davon möchte, muss mehr Kräuter trocknen.

je 2 EL	getrocknete * Petersilie * Schnittlauch * Estragon * Kerbel
je 2 TL	getrocknete Kräuter von * Basilikum * Majoran * Rosmarin * Bohnenkraut * Thymian

1
Alle getrockneten Kräuterblättchen mischen und mit den Fingern leicht zerkleinern.

2
In dunkle Schraubgläser füllen und bei Bedarf Fischgerichte, Gemüse, Suppen und Soßen damit verfeinern.

TUN SIE ES DEN FRANZOSEN NACH, GENIESSEN SIE DIE FRANZÖSISCHE LEBENSART UND WERDEN SIE ZUM GOURMET.

DAS JOHANNISKRAUT

EINE HEILPFLANZE FÜR DIE SEELE IST DAS TÜPFEL- ODER ECHTE JOHANNISKRAUT (*HYPERICUM PERFORATUM*) – VOR ALLEM DAS, DAS WILD AN EHER TROCKENEN PLÄTZEN ZU FINDEN IST.

Die schönen gelben Blüten leuchten wie kleine Sonnen, wen wundert es da, dass die Inhaltsstoffe der Pflanze eine stimmungsaufhellende Wirkung haben. Um die Sommersonnenwende im Juni herum öffnen sich die Blüten und nehmen die Kraft der Sonne in sich auf. Das ist mit ein Grund, warum das Johanniskraut Bestandteil der Kräuterbuschen ist, die an Mariä Himmelfahrt in vielen katholischen Gemeinden seit alters her gebunden werden. Sie werden in den Häusern oder im Stall beim Vieh aufgehängt und sollen so manches Unheil verhindern. Der Name Johanniskraut geht wie der Johannistag auf die Geburt von Johannes dem Täufer zurück, der rote Farbstoff Hypericin, der im Johanniskraut enthalten ist, symbolisiert das Blut Johannes'.

AB IN DEN GARTEN UND AUF DEN BALKON

Im Garten wächst Johanniskraut gut in der ungedüngten Blumenwiese oder dem Steingarten, denn das Kraut ist nicht sehr nährstoffbedürftig und anspruchsvoll. Man kann sich Samen in der Natur sammeln oder aber die Pflanzen in Töpfen direkt beim Gärtner kaufen. Mittlerweile gibt es gute gartenwürdige Sorten. Das Tüpfel-Johanniskraut sollte allerdings nicht mit ähnlichen Arten, wie das Großblumige Johanniskraut, verwechselt werden, die zwar einen hohen Zierwert für den Garten haben, als Heilkraut aber nicht nennenswert sind. Die beste Pflanzzeit für das mehrjährige Kraut ist im Frühjahr und im Herbst. An einem sonnigen Platz wird es sich gut entwickeln, das gilt auch für eine Pflanzung im Kübel.

JOHANNISKRAUTÖL

Das Öl sollte innerhalb eines Jahres aufgebraucht werden.

2 Handvoll	frische Blüten, Knospen und Blätter
1 l	kaltgepresstes Olivenöl

DIE KRAFT DER LEUCHTENDEN BLÜTEN GEHT IN DAS ÖL ÜBER.

1
Johanniskraut im Mörser zerstampfen oder sehr klein hacken, in ein weithalsiges Gefäß geben.

2
Das Kraut mit Olivenöl übergießen, anschließend das Gefäß mit einem Pergamentpapier oder einem sauberen Küchenhandtuch bedecken.

3
Das Ganze drei Wochen lang an einen sonnigen Platz stellen und alle drei Tage umrühren.

4
Hat sich das Öl rot gefärbt, wird abgeseiht und die gefilterte Flüssigkeit in kleine dunkle Flaschen umgefüllt. 30 Minuten im Einkochtopf erwärmt, halten sie mindestens 1 Jahr.

VERARBEITUNGSTIPPS

Als Gewürz- oder Nahrungspflanze hat das Johanniskraut keine Bedeutung, wohl aber als Heilkraut. Für den eigenen Gebrauch kann besonders der Tee nützlich sein, den man zur Stimmungsaufhellung in kleinen Schlucken trinken sollte. Sie können den Tee mit frischen oder mit getrockneten Blüten und Blättern zubereiten. Geben Sie 1–2 Teelöffel des getrockneten Krauts oder eine halbe Handvoll frisches Kraut in eine Tasse und übergießen Sie es mit heißem Wasser. Nach 10 Minuten das Kraut abgießen. Damit sich tatsächlich die Stimmung verbessert, sollten Sie morgens und abends ein bis zwei Tassen des Tees trinken.

Auch Johanniskrautöl kann man aus der eigenen Ernte herstellen und zum Einreiben bei rheumatischen Schmerzen, Nackenschmerzen und stumpfen Sportverletzungen verwenden.

Es wird häufig gewarnt, dass Johanniskrautpräparate eine erhöhte Lichtempfindlichkeit auf der Haut auslösen können. Schützen Sie sich in den Sommermonaten deshalb ein wenig vor der Sonne.

Neben Johanniskraut gehört noch Schafgarbe, Rainfarn, Pfefferminze, Kamille, Wegwarte oder Königskerze in jeden Kräuterbuschen. Früher war man darauf bedacht, eine magische Zahl an Kräutern einzubinden: 7 entsprach den Schöpfungstagen, 9 stand für die dreifache Dreifaltigkeit und 12 für die Apostel.

Legen Sie sich alle gesammelten Kräuter zurecht. Nehmen Sie das Johanniskraut als erste Pflanze auf und arrangieren Sie alle anderen darum herum. Zum Schluss den Strauß zusammenbinden.

DIE KAMILLE

EINE WEITERE HEILPFLANZE FÜR DEN NATURGARTEN ODER DEN NATURBALKON IST DIE ECHTE KAMILLE (*MATRICARIA RECUTITA*) – DAS BEKANNTE MAGENFREUNDLICHE KRAUT.

In der Natur ist sie auf Äckern, an Wegrändern und Böschungen zu finden und leicht durch den typischen Kamillenduft zu erkennen. Dennoch kann sie mit zwei verwandten Arten durchaus verwechselt werden, der Römischen Kamille (*Chamaemelum nobile*) und dem Mutterkraut (*Tanacetum parthenium*). Nur die Echte Kamille duftet aber so intensiv und hat außerdem einen hohlen Blütenboden.

Die Blütenköpfchen erscheinen im Mai / Juni, wenn sich der Blütenboden mit den gelben Röhrenblüten aufgewölbt hat und sich die weißen Zungenblüten herabgesenkt haben. Für den Kräutergarten ist die Kamille interessant, weil sie zu den bekanntesten und wichtigsten Heilpflanzen zählt. Verschiedene Beschwerden im Magen-Darm-Bereich oder eine Erkältung können mit Kamilleanwendungen gelindert werden. In der eigenen persönlichen Naturapotheke sollte Kamille deshalb nicht fehlen.

AB IN DEN GARTEN UND AUF DEN BALKON

Es ist nicht einfach, die einjährige Kamille anzubauen, denn sie wächst nicht überall. Ein sonniger, warmer und trockener Platz sagt ihr zu, der Boden sollte sandig-humos und nährstoffreich sein und zur Keimung nur leicht feucht. Als Lichtkeimer werden die Samen nicht mit Erde bedeckt, vor der Aussaat lohnt es sich aber, den Boden gut vorzubereiten. Dazu wird die Erde vom Unkraut befreit, mit Kompost versorgt und gut geharkt. Ab Mai können Sie an Ort und Stelle aussäen, mit einem Schutz über den Winter geht das auch im Herbst noch.
Auch im Topfgarten müssen Sie nicht auf Kamille verzichten, die in Gefäßen normalerweise gut gedeiht. Eine Voranzucht ist ab März möglich, in die Töpfe werden die Jungpflanzen dann im April / Mai gesetzt.

VERARBEITUNGSTIPPS

Zur Haltbarmachung von Kamillenblüten ist das Trocknen am besten geeignet, denn die vielen wirksamen Inhaltsstoffe bleiben bei dieser Konservierungsmethode weitgehend erhalten. Eine Mischung aus ätherischem Öl, Flavonoiden, Schleimstoffen und Kumarin machen Kamille so wertvoll für die Gesundheit. Um sie bei Beschwerden richtig einzusetzen, werden die Blüten unterschiedlich weiterverarbeitet. Bei Magenbeschwerden hilft Kamillentee aus getrockneten Blüten am besten. Die Inhaltsstoffe wirken nämlich entzündungshemmend und reduzieren unangenehme Blähungen. Bei Erkältungen können Sie mit warmem Kamillentee gurgeln. Auch ein Kamillen-Kopfdampfbad ist bei Erkältung sehr nützlich. Dazu übergießen Sie Kamillenblüten in einer großen Schüssel mit heißem Wasser, senken Kopf und Gesicht über die Schüssel und legen ein Handtuch über den Kopf. So atmen Sie die Kamillendämpfe 5 – 10 Minuten ein. Anschließend folgt eine 20-minütige Ruhepause.
Äußerlich hilft die Kamille bei schlecht heilenden Wunden, Hautproblemen und Schleimhautentzündungen. Sie wird für Sitzbäder, Auflagen und Inhalationen verwendet. Für Augenspülungen sollte Kamillentee jedoch nicht benutzt werden – allergische Reaktionen sind nicht auszuschließen, außerdem wirkt Kamillentee austrocknend.

KAMILLENAUFLAGE

Sie wirkt vor allem bei Magen- und Menstruationsbeschwerden krampflösend, beruhigend und wärmend.

4 EL	getrocknete Kamillenblüten
1 l	Wasser
1	Außerdem: sauberes Baumwoll- oder Leinentuch, ein Frottiertuch

DIE KAMILLENAUFLAGE KANN AUCH GUT BEI KINDERN ANGEWENDET WERDEN.

1
Die Kamillenblüten mit kochendem Wasser übergießen und 5 Minuten ziehen lassen.

2
Das Baumwolltuch in die heiße Flüssigkeit tauchen, dann auswringen und dem Patienten auflegen. Mit dem Frottiertuch abdecken.

Die Kapuzinerkresse

DIE DRITTE IM „KRESSE-REIGEN“ NEBEN BRUNNENKRESSE UND GARTEN-KRESSE IST DIE KAPUZINERKRESSE, WOBEI FÜR DEN KRÄUTERGARTEN VOR ALLEM DIE GROSSE KAPUZINERKRESSE (*TROPAEOLUM MAJUS*) INTERESSANT IST.

Allein ihr Anblick macht Freude, die leuchtend gelben, orangen und roten Blüten sind ein echter Augenschmaus. Ähnlich wie die Garten-Kresse ist auch die Kapuzinerkresse kinderleicht zu kultivieren. Sie findet in den kleinsten Gärten einen Platz, zumal die rankende Schönheit selbst die dritte Dimension erobert und für jeden Stadtbalkon geeignet ist.

Ihre Heimat ist Südamerika, von dort wurde die Pflanze zunächst nach Spanien gebracht, wo man sie auch heute noch überall zu Gesicht bekommt. Das Schöne an der Kapuzinerkresse ist vor allem auch die Vielseitigkeit: Alle Teile der Pflanze sind essbar, Blätter, Blüten, Samen und geschlossene Knospen können vielfältig verarbeitet werden. Weil sie nachweislich heilende Wirkungen entfaltet, einen trägen Darm auf Trab bringt, bei Blasenentzündungen hilft und als natürliches Antibiotikum wirkt, wurde sie im Jahr 2013 sogar zur Arzneipflanze des Jahres gekürt.

SORTEN FÜR GARTEN UND BALKON

Aus einem großen Angebot können Sie sich die besten Kapuzinerkressesorten aussuchen. Da gibt es niedrig und kompakt wachsende für das Kräuterbeet und die Topfbepflanzung, aber auch kletternde und rankende Sorten, die am Spalier schöne blühende Wände bilden. Die Sorte 'Cream Purple Spot' wird etwa 40 cm hoch und wartet mit cremefarbenen Blüten auf, die mit weißen Tupfen versehen sind.

'Whirlybird Tangerine' bleibt ebenfalls kompakt im Wuchs. Ihre Blüten sind orange gefärbt mit einer zarten dekorativen Aderung. Für Töpfe, Steinmauern und Balkonkästen ist diese Sorte sehr empfehlenswert. 'Empress of India' zählt mit 70 cm zu den höher wachsenden Kapuzinerkressen. Interessant ist neben den blutroten Blüten das beinahe blaue Laub – ein toller Kontrast. Die Sorte 'Jewel of Africa' bietet einen Farbmix mit roten, orangen und gelben Blüten und weiß gemustertem Laub, sie bildet 3 m lange Triebe.

AB IN DEN GARTEN UND AUF DEN BALKON

Der Anbau von Kapuzinerkresse ist denkbar einfach. Die Samen sind groß und können im April / Mai einzeln in Erde gelegt werden, entweder in Töpfe für die Kultur auf dem Balkon oder in vorbereitete Beetreihen im Garten. Hier hat sich ein Abstand von 10 cm in der Reihe und 20 cm zwischen den Reihen als gut erwiesen. An einem sonnigen bis halbschattigen Platz entwickelt sich die Kapuzinerkresse besonders gut. Die hängenden Sorten machen sich übrigens auch überaus gut in *Hanging Baskets* AUF SEITE 61. Viel Pflege ist dann nicht mehr nötig, anfangs muss der Boden schön feucht gehalten werden, haben sich die Pflanzen gut entwickelt, müssen Sie vor allem bei Trockenheit gießen, ansonsten wächst die Art von ganz alleine. Die ersten Blüten zeigen sich im Juni, dann blüht Kapuzinerkresse praktisch unermüdlich bis zum ersten Frost. In Mischkultur mit anderen Gemüsen hält sie durch ihren etwas scharfen Geruch sogar Schädlinge fern und die ungeliebten Schnecken machen einen großen Bogen um die Kapuzinerkresse.

Schön sieht die Kapuzinerkresse auch als Baumscheibenbepflanzung, z. B. unter Apfelbäumen aus.

VERARBEITUNGSTIPPS

Blüten und Blätter passen zu Salaten, als Brotbelag, in den Quark und können als Rohkost verzehrt werden. Probieren Sie aus, wie viel Kapuzinerkresse Sie in Ihren Gerichten mögen, zu viele Blüten und Blätter können mitunter einen sehr scharfen, auch bitteren Geschmack hervorrufen. Die Blätter können wie Weinblätter mit Frischkäse gefüllt werden. Aus den ungeöffneten Knospen können Sie einen würzigen Kapernersatz zubereiten, indem Sie die Knospen salzen und einige Stunden ziehen lassen. Dann lassen Sie sie in einem Topf mit kochendem Wasser kurz aufwallen, nehmen sie heraus und lassen sie abtropfen. Die Knospen anschließend in ein Glas mit Schraubverschluss oder ein Einmachglas geben, mit heißem Essig übergießen und einige Tage ziehen lassen. Nochmals kurz aufkochen und in verschließbare Gläser füllen.

KINDER-TOPFGARTEN

Kapuzinerkresse ist für einen Topfgarten für Kinder die ideale Pflanze. Sie benötigen einen ausreichend großen Topf, eine Tonscherbe, gute Pflanzerde, einige Samen von Kapuzinerkresse, eine kleine Gießkanne mit Brausekopf und eine kleine Schaufel. Für ein schönes Etikett eignen sich Holzstecker und Holzmalfarbe. Auf das Loch im Topf legen die Kinder die Tonscherbe, dann wird mit den Händen die Erde eingefüllt und gut festgedrückt. Die Samenkörner stecken sie dann etwa 1 cm tief in die Erde. Nun wird gegossen und gewartet. Die Kinder können alle zwei Tage die Erde kontrollieren, die nicht austrocknen darf. Unterdessen werden die Holzstecker mit der Blütenfarbe bemalt, größere Kinder können den Pflanzennamen dazuschreiben. Die Kinder werden große Freude daran haben, Blätter und Blüten zum Essen beizusteuern.

DER KNOBLAUCH

AUF DEN ERSTEN BLICK PASST KNOBLAUCH (*ALLIUM SATIVUM*) EIGENTLICH GAR NICHT RECHT ZUR GRUPPE DER KRÄUTER, SONDERN EHER IN DEN GEMÜSEGARTEN.

Dennoch zählt er zu den zwiebelartigen Küchenkräutern und ist außerdem ein bewährtes Heilkraut – wer viel Knoblauch isst, wird sehr alt! Seine antibakterielle Wirkung ist unbestritten, schon die Pyramidenbauer sollen Knoblauch gegessen haben, um sich so vor Krankheiten zu schützen. Berühmte Persönlichkeiten wie Dioskurides, Hildegard von Bingen und Albert Schweitzer haben sich mit Knoblauch beschäftigt und ihn verschiedentlich zu Heilzwecken eingesetzt. Er soll in früheren Zeiten gegen verschiedene Zauber und sogar Vampire wirksam gewesen sein, bei der römischen Oberschicht galt er aber als unfein – eine so interessante Geschichte hat nicht jedes Kraut aufzuweisen, einen so intensiven Duft auch nicht, der allerdings nicht bei jedem gut ankommt.

Knoblauch gehört zur Familie der Lauchgewächse und ist nahe verwandt mit dem Garten-Lauch, der Zwiebel und dem Schnittlauch.

Seine Heimat ist Zentralasien und Europa wo er als mehrjährige frostharte Pflanze wächst. Im Garten wird er jedoch einjährig oder einjährig überwinternd kultiviert. Im Gegensatz zur Zwiebel bildet der Knoblauch keine Schalenzwiebel, sondern sogenannte Beiknospen oder Zehen, die durch weiße, rosa, lila oder grünliche Häute zu einer Zwiebel zusammengefasst sind. Botanisch gesehen handelt es sich tatsächlich auch beim Knoblauch um eine Zwiebel und nicht um eine Knolle.

Schnittknoblauch verbindet die guten Eigenschaften von Knoblauch und Lauch, ist aber feiner im Geschmack und somit vielseitig in der Anwendung.

DUFT-VERWANDTSCHAFT

Vergleichbare Düfte aus der Gattung *Allium* entwickeln neben *Bärlauch* AUF SEITE 80 auch Schnitt-Knoblauch (*Allium tuberosum*) und Weinbergs-Lauch (*Allium vineale*). Und auch die Knoblauchsrauke (*Alliaria petiolata*) soll hier nicht unerwähnt bleiben, da sie ebenfalls mit einem angenehmen Knoblauchduft in den Blüten aufwartet. Bei unterschiedlicher Zusammensetzung der Inhaltsstoffe kommt der typische Duft und Geschmack durch ätherische Öle und Senfölglykoside zustande. Wer vom Knoblauchgeschmack nicht genug bekommt, kann auch diese Arten in den Kräutergarten oder auf den Balkon aufnehmen.

Vor allem der Schnitt-Knoblauch ist für den Anbau in Töpfen interessant, von ihm werden nämlich die Blätter geerntet und das über mehrere Jahre. Er muss also nicht jährlich neu gesteckt werden und das Gefäß zur Kultivierung muss auch nicht allzu groß sein.

Der Weinbergs-Lauch ist für die Topfkultur nur bedingt geeignet, dafür kann man ihn aber im Garten dauerhaft verwildern lassen. Er taucht dann jedes Jahr neu an Plätzen auf, die ihm zusagen und es kann immer ein Teil der Knollen geerntet werden.

Die Knoblauchsrauke ist eine ganz klassische Wildpflanze, die überall in Deutschland zu finden ist und die gut in den naturnahen Kräutergarten passt. Samen gibt es nur bei speziellen Kräuteranbietern. Sie kann aber auch gut durch Samen vermehrt werden, die man in der freien Natur sammeln kann. Was den Knoblauchduft und -geschmack angeht, so gibt es auch noch eine Empfehlung für Zimmerkräutergärtnerinnen und -gärtner: den Zimmerknoblauch (*Tulbaghia violacea*), auch Knoblauchs-Kaplilie genannt, der das ganze Jahr über geerntet werden kann.

AB IN DEN GARTEN UND AUF DEN BALKON

Knoblauch liebt lockere humusreiche Böden, Staunässe kann er dagegen gar nicht vertragen und fault dann schnell. Das ist auch für den Anbau in Kästen oder Kübeln wichtig, denn neben der passenden Pflanzerde sollten Sie unbedingt auf einen ausreichenden Wasserabfluss achten.

Beim Anbau von Knoblauch unterscheidet man zwischen zwei Formen: dem Winter-Knoblauch und dem Frühjahrs-Knoblauch. Die Zehen vom Winter-Knoblauch werden im Oktober ungefähr 5 cm tief gesteckt, die des Frühjahrs-Knoblauchs im März / April. Ein Abstand von 7 cm in der Reihe und 25 cm zwischen den Reihen hat sich bewährt. Nur gesunde Zehen werden sich auch gut entwickeln, deshalb lohnt es sich, beim Auseinanderbrechen der Zwiebel vor dem Pflanzen vorsichtig zu sein und nur unbeschadete Zehen zu verwenden. Ab Juli ist Erntezeit, wenn das Laub vergilbt und sich zur Seite neigt. Die Zwiebeln müssen vor dem Einlagern gut trocknen.

VERARBEITUNGSTIPPS

Gut getrockneter Knoblauch ist 6–7 Monate lang haltbar und kann zu Fleisch, Wurst, Fisch, Suppen, Gemüse und vielem mehr als Würzkraut genommen werden. Auch in Quark und Joghurt schmeckt Knoblauch köstlich. Eine praktische Konservierungsmöglichkeit ist die Herstellung von *Knoblauchöl* AUF SEITE 73.

DER KORIANDER

KORIANDER (*CORIANDRUM SATIVUM*) MUTET ORIENTALISCH AN UND WIRD MEIST MIT GEWÜRZBROT UND LEBKUCHEN IN VERBINDUNG GEBRACHT, IN DENEN DIE GEMAHLENEN SAMEN EIN BESONDERES AROMA ERZEUGEN.

Dass die Pflanze auch im Kräutergarten und sehr gut auch im Topf auf dem Balkon gedeiht, ist aber nicht allzu bekannt. Das Doldengewächs stammt aus dem östlichen Mittelmeerraum und findet bereits im 16. Jahrhundert v. Chr. Erwähnung. Schon damals wusste man die verdauungsfördernden Eigenschaften zu schätzen. Heute wird Koriander in beinahe der ganzen Welt kultiviert. Das einjährige Kraut wird etwa 70 cm hoch, die Blätter sehen ein wenig der glatten Petersilie ähnlich, schmecken aber ganz anders. Aus den kleinen weißen bis rosafarbenen Blüten entwickeln sich die Samen, die so groß wie Pfefferkörner sind. Korianderblätter haben einen scharf würzigen Geschmack und passen gut in die chinesische, indische und indonesische Küche. Sie gehören in die klassische Guacamole und in die auf den Kanaren zubereitete Mojo Verde. Die gemahlenen Samen haben einen ganz anderen Geschmack als die Blätter, beinahe ein süßes, orangenartiges Aroma. Sie schmecken nach Weihnachten, werden sie doch vor allem in weihnachtlichem Gebäck wie Spekulatius verarbeitet, aber auch zu Rotkohl und Wildbeizen genommen. Die Pflanze an sich riecht aber eher unangenehm, nämlich nach Wanzen und hat sich deswegen den Namen Wanzenkraut eingefangen. Die Aussicht darauf, im Winter mit selbst geernteten Koriandersamen Plätzchen und Gebäck zu verfeinern, macht dieses kleine Manko aber schnell wieder wett.

ORIENTALISCHE LINSENSUPPE

Zutaten für 4 Personen. Die Suppe lässt sich gut vorbereiten und einfrieren.

250 g	gelbe Linsen
	Salz
je 1 Prise	gemahlener Kreuzkümmel, Koriander und Kurkuma
150 g	Karotten
500 g	Kartoffeln
1 EL	Olivenöl
1	Zwiebel
1,2 l	Gemüsebrühe

MAMAS LINSENSUPPE IST DIE BESTE! DENNOCH: PROBIEREN SIE DIESES REZEPT UNBEDINGT AUS, ES SCHMECKT KÖSTLICH.

1
Linsen waschen und mit kaltem Wasser ansetzen. Die Linsen müssen mit Wasser bedeckt sein. Die Gewürze dazugeben und alles 10 Minuten vorkochen.

2
Karotten und Kartoffeln waschen, schälen und würfeln, das Olivenöl erhitzen, die Zwiebel schälen, fein hacken und darin anrösten. Das übrige Gemüse dazugeben und mitdünsten.

3
Die Linsen abgießen, zum Gemüse geben, mit der Brühe aufgießen und so lange köcheln, bis die Linsen und das Gemüse bissfest bis weich sind. Mit den Gewürzen nach Belieben abschmecken.

AB IN DEN GARTEN UND AUF DEN BALKON

Ein sonniger, warmer Platz im Garten oder auf Balkon und Terrasse sagt dem Koriander sehr zu. Eine Aussaat ist möglich, allerdings dauern die Keimung und die Entwicklung der Pflanzen recht lange. Wer möchte kann im April aussäen und zwar mit einem Reihenabstand von 30 cm. In der Reihe haben die Pflanzen genug Platz, wenn sie 15 cm auseinander stehen. Weniger aufwendig ist es, wenn Sie sich einige Pflanzen in der Gärtnerei oder im Gartencenter kaufen. Es gibt zwei verschiedene Varietäten zwischen denen Sie wählen können, den indischen und den arabischen Koriander, die sich zwar im Aussehen unterscheiden, aber nicht im Geschmack.

Koriander blüht von Juni bis August, die ersten Früchte können bereits im August geerntet werden, wenn die Samenkörner sich braun verfärben, das frische Kraut über die ganze Vegetationszeit.

VERARBEITUNGSTIPPS

Das herrliche Aroma der Blätter lässt sich durch Trocknen nicht sehr gut konservieren, auch beim Einfrieren gehen Aromastoffe verloren. Da begnügen Sie sich am besten mit der frischen Ernte im Sommer und Herbst. Die Samen dagegen können Sie auch im Winter noch verwenden, wenn Sie sie nach der Ernte gut trocknen und dann in luftdichten Behältnissen lagern. Blätter und Samen würzen viele Gerichte, können für eine eignen Currymischung verwendet werden, als Einmachgewürz zu Gurken, Paprika und Zucchini oder in Likören ihr Aroma entfalten.

DIE KRESSE

FÜR KRÄUTER-NEULINGE IST DIE KRESSE DIE ALLERBESTE EINSTEIGER-PFLANZE, FÜR KINDER EIN TOLLES KRAUT FÜR DEN EIGENEN KLEINEN KRÄUTERTOPF, IN DEN PROFI-KRÄUTERGARTEN GEHÖRT SIE SOWIESO UND FÜR DEN FENSTER-KRÄUTERGARTEN IST SIE IDEAL.

Garten-Kresse (*Lepidium sativum*), wie sie offiziell heißt, vereint beinahe alles, was in Bezug auf Kräuter so oft gewünscht wird: Sie ist einfach im Anbau, wächst sehr schnell und kann bald geerntet werden, sie liefert auch im Winter frisches und gesundes Grün und passt zu sehr vielen Gerichten. Außerdem können Sie mit Kresse auch noch die eine oder andere Dekoration gestalten, z. B. Kresse-Eier für das Osterfrühstück.

Unter dem Oberbegriff Kresse fasst der Volksmund drei verschiedene und sehr gerne verwendete Pflanzen zusammen, die allesamt zur Familie der Kreuzblütler, aber unterschiedlichen Gattungen gehören. Es handelt sich neben der Garten-Kresse um die *Brunnenkresse* AUF SEITE 92 und die *Kapuzinerkresse* AUF SEITE 104. Sie ähneln sich in ihrem würzigen, etwas scharfen Geschmack, der durch Senfölglykoside hervorgerufen wird.

AB IN DEN GARTEN UND AUF DEN BALKON

Das ganze Jahr über kann die Garten-Kresse in Schalen ausgesät werden, sie braucht noch nicht einmal Erde, sondern keimt auch auf feuchtem Küchenpapier oder Watte; als Lichtkeimer muss sie nicht mit Erde bedeckt werden. Kresse kann auch gut in Keimapparaten aus Ton oder Kunststoff gezogen werden oder auch in speziellen Kressesieben, diese bestehen in der Regel aus einem Edelstahlsieb in einem Keramik- oder Tongefäß. Die Samen werden direkt auf das Sieb gestreut. Wichtig beim Anbau ist lediglich die Wasserversorgung. Die Samen und Keimlinge dürfen nicht austrocknen. Keimapparate sind Gläser mit einem speziellen siebartigen Deckel. Sie können frisches Wasser direkt durch den Deckel auf die Samen oder Keimsprossen gießen und das Wasser dann auch wieder ausschütten, ohne den Deckel zu öffnen. Größere Geräte sind meist rund und mit mehreren Siebetagen versehen. Wer regelmäßig Kresse ernten möchte, sät alle zwei bis drei Wochen nach. Nach einigen Tagen sind die Samen gekeimt und werden dann mit einer Schere abgeschnitten. Im Garten kann die Kresse ab März ausgesät werden, benötigt dann aber noch etwas Schutz. Ziehen Sie mit dem Rechenstiel Reihen vor, in die die Samen gelegt werden. Mit dem Rechenrücken müssen Sie dann nur noch die Körnchen andrücken, Erde dürfen Sie nicht mehr darüberstreuen. Zu sonnig sollte der Standort nicht sein, an dem die Kresse gesät wird. Zu leicht trocknet das Saatgut dann aus oder die kleinen Pflänzchen machen „schlapp“. Ein schattiger Standort ist dagegen ideal, nicht nur im Garten, sondern auch auf dem Balkon und der Fensterbank.

AUSDAUERNDE SCHWESTER

Die einjährige Garten-Kresse hat noch eine ausdauernde Schwester, die botanisch *Lepidium latifolium* heißt und im Volksmund auch als Pfefferkraut bezeichnet wird – genauso übrigens wie das *Sommer-Bohnenkraut* AUF SEITE 86. Hier droht Verwechslungsgefahr, die aber mit einem Blick auf den botanischen Namen schnell behoben ist. Es handelt sich um eine sehr robuste Gewürzstaude, die schon im Mittelalter geschätzt wurde, dann aber in Vergessenheit geriet. So nach und nach wird sie aber glücklicherweise wieder in den Gärten angebaut. Der leichte Meerrettich-Geschmack ist ganz ähnlich ausgeprägt wie bei der einjährigen Kresse, nur ganz so zart ist die mehrjährige Art nicht. Dafür muss sie nur einmal ins Kräuterbeet an einen sonnigen Platz gepflanzt werden, dann wird geerntet. Ein wenig Platz müssen Sie für das Pfefferkraut einplanen, es wird nämlich bis zu 1 m hoch.

KRESSE AUS DEM EI

Nicht nur zu Ostern sind Kresse-Eier eine schöne Dekoration für den Frühstückstisch. Sie benötigen pro Person ein Ei, Watte und Kressesamen. Die Eier mit einem scharfen Messer entweder im oberen Drittel köpfen oder in der Mitte aufschlagen, sodass zwei Eihälften entstehen. Das Innere der Eier können Sie zum Kuchenbacken oder für Rühreier verwenden. Die Schalen vorsichtig mit kaltem Wasser ausspülen und anschließend trocken tupfen. Hinein kommt jeweils ein angefeuchteter Wattebausch, darauf streuen Sie großzügig Kressesamen. Die Samenkörner mit Wasser besprühen und bis zur Keimung feucht halten. An einem warmen Ort keimen die Samen bereits nach zwei Tagen und können dann den Frühstückstisch als essbare Dekoration verzieren.

VERARBEITUNGSTIPPS

Weil die Kresse immer frisch zu haben ist, sollten Sie sie am besten auch frisch verarbeiten. Die gewünschte Menge wird abgeschnitten, kurz im kalten Wasser gesäubert und mit einem Küchentuch trocken getupft. Zum Salat, in den Quark, zu Eiern und Kartoffeln schmeckt Kresse sehr gut. Sie ist ein Bestandteil der Frankfurter Grünen Soße und ein Genuss auf frischem Brot mit Butter.

DER LAVENDEL

DUFTENDE BLAU BLÜHENDE FELDER IN SÜDFRANKREICH KOMMEN EINEM IN DEN SINN UND URLAUBSGEFÜHLE WERDEN BEIM GEDANKEN AN LAVENDEL WACH.

Kaum ein anderes Kraut ist so beliebt, wird so oft angebaut und auch selbst verarbeitet wie der Lavendel. Das liegt wohl auch daran, dass der Halbstrauch so pflegeleicht ist und sehr gut selbst vermehrt werden kann. Ist die Lavendellust erst einmal erwacht, dann werden Garten, Balkon und Terrasse bald zu einer mediterranen Oase.
Lavendel stammt aus dem Mittelmeerraum. Es gibt weltweit etwa 25 bis 30 Arten, von denen aber nur wenige in Deutschland kultiviert werden. Früher wurde Lavendel vornehmlich als Duft- und Heilpflanze angebaut, heutzutage kommt auch immer mehr die kulinarische Seite der Duftpflanze zum Einsatz. Der botanische Gattungsname *Lavandula* ist abgeleitet vom lateinischen Wort lavare, was nichts anderes bedeutet als waschen. Immerhin bereiteten schon die Römer Badeessenzen aus Lavendel zu.
Nicht nur im Kräutergarten, auch zwischen Rosen macht Lavendel sich sehr gut. Beide Pflanzpartner ergänzen sich optisch, zudem soll Lavendel den Rosen die lästigen Blattläuse fernhalten.

Der Schopf-Lavendel macht seinem Namen alle Ehre: Am oberen Ende der Rispe bilden sich haarschopfartig die Blütenblätter aus, die der Pflanze ein etwas wildes Aussehen geben. Schopf-Lavendel bleibt recht kompakt und eignet sich deshalb besonders gut als Topfpflanze auf Balkon und Terrasse.

DIE VERWANDTSCHAFT

In unseren Gärten wächst überwiegend die Art *Lavandula angustifolia*, der Echte Lavendel, der von allen Arten die mit der besten Winterhärte ist. Bis etwa –15 Grad hält sie gut aus, eingewachsene Pflanzen überstehen auch noch tiefere Temperaturen. Auf südfranzösischen Feldern wird dagegen Lavandin (*Lavandula × intermedia*) angebaut, eine Kreuzung aus Echtem und Großem Lavendel (*Lavandula latifolia*). Diese Kreuzung wächst etwas kompakter und bringt viele Blütenrispen hervor. Der Große Lavendel, auch Speick-Lavendel genannt, reagiert ebenso wie der Schopf-Lavendel (*Lavandula stoechas*) empfindlich auf niedrige Temperaturen. Ein Winterschutz ist deshalb auf jeden Fall empfehlenswert, am besten überwintern Sie die Pflanzen im frostfreien Raum. Gar nicht winterhart ist außerdem der Farnblättrige oder Oregano-Lavendel (*Lavandula multifida*). Sie können ihn den Sommer über in Töpfen an einem sonnigen Platz kultivieren, müssen ihn im Winter aber ins Haus holen. In einem hellen Keller, einer Garage, einem Wintergarten oder Gewächshaus wird er die kalte Jahreszeit gut überstehen, wenn der Platz hell, unbeheizt und frostfrei ist.

SORTENVIELFALT

Da der Echte Lavendel besonders winterhart ist und im Garten und Kübel gut gedeiht, gibt es von dieser Art bei uns besonders viele interessante Sorten. Eine der besten Sorten und ein echter Klassiker ist 'Hidcote Blue' mit dunkelblauvioletten Blüten und graugrünen Blättern. Sie wird etwa 30–40 cm hoch, bleibt kompakt. Dufthecken, z. B. um das Kräuterbeet herum, machen sich mit 'Hidcote Blue' sehr gut. Außerdem sind die Blüten der Sorte gut zum Trocknen geeignet.
Ebenfalls schön kompakt entwickelt sich 'Dwarf Blue', eine Sorte, die seit 1911 in unseren Gärten wächst. Eine weiße hohe Sorte ist 'Blue Mountain White', die eine Höhe von 60–70 cm erreicht. 'Nana Alba' blüht ebenfalls weiß und früher als andere Sorten, wird aber lediglich 25–30 cm hoch. Empfehlenswert ist außerdem 'Munstead', eine Sorte die sich durch besonders gute Winterhärte auszeichnet.

AB IN DEN GARTEN UND AUF DEN BALKON

Eigentlich kann man von Lavendel gar nicht genug bekommen. Im Zierpflanzenbeet, im Kräutergarten als Einfassung, im Topf am Hauseingang oder auf Balkon und Terrasse – überall könnte man die duftenden Pflanzen um sich haben und überall gedeiht Lavendel auch, wenn nur genügend Sonne und Wärme vorhanden ist. In Gärtnereien und Gartencentern können Sie passende Sorten aussuchen, ebenso bei guten Versandgärtnereien. Vor dem Einkauf sollten Sie bedenken, wohin die Pflanzen kommen sollen. Für eine kleine Hecke muss die Wuchshöhe niedrig bleiben, als Begleiter für Heckenrosen darf die Sorte ruhig etwas höher werden.

Lavendelpflanzen werden im Topf angeboten und können eigentlich das ganze Jahr über ausgepflanzt werden. Doch obwohl die mediterrane Pflanze Trockenheit gut übersteht, sollte sie im Frühjahr gesetzt werden, wenn die Temperaturen noch nicht ganz so hoch sind und noch Feuchtigkeit im Boden ist. Eine gute Wasserversorgung ist dann in der Anwachsphase wichtig. Für ein kompaktes und buschiges Wachstum ist ein Gärtnertipp besonders nützlich: Lassen Sie Lavendel im ersten Jahr nicht zur Blüte kommen. Wird er noch vor dem Blühbeginn zurückgeschnitten, haben Sie im nächsten Jahr umso mehr Freude daran.

Eine besondere Pflege benötigt Lavendel nicht, er verträgt Trockenheit ebenso wie eine längere Regenperiode, muss aber regelmäßig geschnitten werden, damit er von unter her nicht zu stark verholzt und dann unansehnlich wird. Wenn die Blüten für verschiedene Rezepturen benötigt oder getrocknet werden sollen, schneidet man sie kurz nach dem Aufblühen. Um den Duft täglich genießen zu können, bleiben aber am besten einige Blütentriebe stehen. Die Empfehlungen, wann Lavendel am besten geschnitten wird, sind sehr unterschiedlich. Die abgeblühten Triebe sollten Sie zunächst entfernen, im Frühherbst können Sie Lavendel dann bis zum Boden herunterschneiden, damit er noch im selben Jahr wieder kräftig und buschig austreibt. Alternativ wird sehr früh im Jahr, im Februar/März kräftig zurückgeschnitten. Dadurch beginnt die Blüte zwar etwas später, ein üppiges und gesundes Wachstum der Pflanzen ist aber garantiert.

Lavendel durch Stecklinge vermehren: Nehmen Sie einige Triebstücke, die beim Schneiden anfallen, entfernen Sie die unteren Blättchen und stecken Sie sie zu zwei Drittel in ein Erde-Sand-Gemisch, jetzt gut andrücken und wässern.

Haben die Stecklinge sich bewurzelt, dann wird umgetopft. Vorsichtig werden die Pflänzchen auseinandergezogen, damit die feinen Wurzeln intakt bleiben.

SCHÖN UND GEPFLEGT

Der Lavendel ist das „blaue Gold" und zugleich die Seele der Provence.

LAVENDELBAD

1

60 g getrocknete oder 200 g frische Lavendelblätter und -blüten in 1 l Wasser aufkochen, dann 10 Minuten zugedeckt ziehen lassen.

2

Das Kraut absieben und den Tee einem Vollbad zugießen. Sie können auch einige Blüten zusammen mit grobem Meersalz in ein Baumwollsäckchen füllen und es zusätzlich mit in die Badewanne geben. Das Bad ist zur Entspannung sehr gut geeignet, Sie können es auch vor dem Schlafengehen genießen.

LAVENDELSEIFE

1

100 g feste Babyseife raspeln oder Kernseifenflocken mit 60 g Bienenwachs im Wasserbad schmelzen. 20 ml Mandelöl hineinträufeln.

2

Wenn alles geschmolzen ist, die flüssige Seife aus dem Wasserbad nehmen und 10 Tropfen Lavendelöl, einige Lavendelblüten, etwas blaue und rote Lebensmittelfarbe sowie 1 EL Bienenhonig untermischen.

3

Die Mischung in Backförmchen mit ausgelegter Frischhaltefolie füllen. Die Seife ist fertig und kann benutzt werden, sobald die Masse erkaltet ist.

FÜR 1 L WOHLRIECHENDE LAVENDELESSENZ WERDEN 130 KG BLÜTEN BENÖTIGT. FANGEN SIE VIELLEICHT EIN BISSCHEN KLEINER AN.

Lavendel lässt sich durch Samen vermehren, das ist aber schwierig und aufwendig, deswegen nimmt man besser Stecklinge.

Im Spätsommer oder zeitigen Frühjahr, wenn Lavendel sowieso geschnitten wird, dann fällt genügend Material für die Stecklingsvermehrung an. Nehmen Sie dafür unverzweigte, 10 cm lange Triebstücke. Entfernen Sie die Triebspitzen und alle Blättchen im unteren Drittel des Stecklings und stecken ihn bis zum ersten Blattansatz in ein Gemisch aus Sand und Anzuchterde. Mit einem Wasserzerstäuber besprühen. Eine durchsichtige Haube erhöht die Luftfeuchtigkeit, die für ein gutes Anwachsen wichtig ist.

Die Anzuchtkiste wird an einen warmen sonnigen Platz gestellt. Lüften und gießen Sie regelmäßig. Haben sich die Stecklinge gut bewurzelt, werden sie einzeln in Töpfe umgepflanzt. Wenn sie vor dem Auspflanzen an Ort und Stelle gestutzt werden, wird eine buschige Pflanze entstehen.

VERARBEITUNGSTIPPS

Die Blüten können nach der Ernte zu Seifen, Duftsäckchen, Badesalz, Lavendelzucker und vielem mehr verarbeitet werden. Wenn die Blüten gleich zum Einsatz kommen, können sie frisch sein, ansonsten ist es besser sie zu trocknen. Sie werden dazu gebündelt und kopfüber an einen warmen, luftigen Platz gehängt. In dunklen Dosen können sie später aufbewahrt und bei Bedarf verwendet werden.

Zur Stärkung und zur Beruhigung der Nerven kann ein Lavendeltee hilfreich sein, manchmal genügt es aber bereits, an einem Lavendel-Duftsäckchen zu riechen. Etwas anspruchsvoller in der Herstellung sind Lavendelseifen – die Mühe lohnt sich aber.

In Frankreich wird mit Lavendel auch gekocht und Blüten und Blätter zu Fleisch-, Fisch- und Gemüsegerichten gegeben. Aber das ist alles Geschmacksache. Probieren Sie es einmal aus! Zu Süßspeisen, Desserts und Kuchen passt Lavendel allemal.

DER LIEBSTÖCKEL

VIEL BESSER BEKANNT IST DER LIEBSTÖCKEL (*LEVISTICUM OFFICINALE*) UNTER DEM NAMEN MAGGIKRAUT. SCHON EIN PAAR BLÄTTCHEN REICHEN, UM EINER GEMÜSESUPPE, EINER SOSSE ODER DEM BRATEN EINEN WÜRZIGEN GESCHMACK ZU VERLEIHEN.

Und weil die Blätter so gehaltvoll sind, ist eine Pflanze pro Haushalt meistens ausreichend. Vermutlich sind Westasien und Ligurien die Heimat des Liebstöckels. Die Römer würzten mit Blättern und Wurzeln Braten und Soßen und sogar eine Wirkung gegen Zauber wurde ihm nachgesagt. Mittlerweile ist Liebstöckel in Europa, Nordamerika und Asien verbreitet und kommt nicht nur in den Gärten, sondern auch wildwachsend vor.

Nicht nur die Blätter, auch Wurzeln und Samen verströmen den kräftigen Maggiduft und sind sogar heilkräftig, weil ihnen harntreibende Wirkung nachgesagt wird. Liebstöckel ist außerdem gut für die Verdauung und deshalb auch häufig Bestandteil von Kräuterschnäpsen. Zum Entwässern des Körpers kann ein Tee aus den Wurzeln helfen.

Beim Liebstöckel werden vor allem die jungen Blätter verwendet; allzu viele braucht man allerdings nicht, denn das Würzkraut ist sehr intensiv im Geschmack. Zur Blüte kommt der Liebstöckel im Garten durch den regelmäßigen Schnitt kaum, dabei sehen die Blüten eigentlich recht hübsch aus.

AB IN DEN GARTEN UND AUF DEN BALKON

Der ausdauernde Liebstöckel braucht im Garten vor allem eins: Platz! Er wird mit bis zu 2 m ziemlich groß und zudem noch ausladend. Eine Aussaat lohnt sich bei der Staude kaum, am besten kauft man eine Pflanze, die dann an einen sonnigen bis halbschattigen Platz im Garten kommt. Da Liebstöckel recht nährstoffbedürftig ist, sollte das Pflanzloch mit Kompost und einem Vorratsdünger versehen werden, bevor der Liebstöckel hineingesetzt wird. Anschließend Erde auffüllen, damit die Wurzeln Bodenschluss haben und gut festdrücken. Zum Schluss muss kräftig angegossen werden. Im Laufe des Sommers können Sie dann auch hin und wieder einen Flüssigdünger für Gemüse nach Packungsangaben verabreichen. Nur wenn wirklich viel Liebstöckel benötigt wird, lässt man die Blüten ausreifen, erntet die Samen und sät sie im nächsten Frühjahr aus. Das kann der Fall sein, wenn Sie die Wurzel für Heilanwendungen ernten möchten. Sie ist übrigens im Herbst des zweiten Anbaujahres am zartesten. Ansonsten schneiden Sie die Blütentriebe aber heraus, dann entwickeln sich die Blätter üppiger. Beim Aussäen müssen Sie Geduld mitbringen. Liebstöckel ist ein Doldenblütler und bei denen dauert es eine ganze Weile, bis der Samen gekeimt hat und sich die ersten Blättchen bilden.

Vermehrt werden kann Liebstöckel übrigens auch durch Teilung im Herbst. Die Pflanze wird dabei aus dem Boden genommen, mit einem Spaten geteilt und dann an anderen Stellen eingesetzt. Das geht auch bei vielen anderen Stauden, und auf diese Weise werden Pflanzen verjüngt. Das Maggikraut zieht übrigens im Winter völlig ein, man könnte fast meinen, das Kraut wäre eingegangen. Im nächsten Frühjahr treibt es aber wieder aus.

Das Maggikraut wird mit 2,50 m recht hoch, mehrmaliges Schneiden ist also angesagt und einen Schnitt verträgt der Liebstöckel immer gut. Dann treiben auch immer wieder neue frische Blätter nach … einfach lecker!

VERARBEITUNGSTIPPS

Obwohl die Blätter beim Trocknen an Aroma verlieren, ist das doch die beste Konservierungsmethode. Am besten verwendet man die Blätter aber immer frisch zu deftigen Gerichten, Hülsenfrüchten, Kartoffelsuppen und Eintöpfen. Sie können auch mitgekocht und mitgegessen werden.

DER LÖWENZAHN

JEDES KIND KENNT UND LIEBT IM FRÜHLING WIESEN VOLL MIT GELBEN BLÜTENKÖPFEN, DIE SICH EINIGE WOCHEN SPÄTER IN EIN MEER VON PUSTEBLUMEN VERWANDELT HABEN.

Es macht Spaß, den kleinen Fallschirmen zuzusehen, wie sie beim Wegpusten in alle Richtungen schweben. Löwenzahn (*Taraxacum* sect. *Ruderalia*, früher *T. officinale*) wird fast überall als Unkraut angesehen, wächst er doch unverdrossen an den widrigsten Stellen, sogar noch in Felsspalten, findet überall im Garten eine Möglichkeit sich auszubreiten und ist zugegebenermaßen manchmal lästig.

Seine Lebenskraft ist bewundernswert, die schönen Blüten, die wie Sonnen leuchten, stimmen jeden Betrachter froh. Doch das allein erhebt den Löwenzahn noch nicht ins Kräuterbeet. Wohl aber seine gesunden Inhaltsstoffe und die Verwendungsmöglichkeiten. Vor allem ist Löwenzahn ein Heilkraut: Wurzel, Blätter und Blüten können genutzt werden. Eine alte Volksweisheit sagt: „Der Löwenzahn, der Löwenzahn, der hat schon manchem gut getan. Der Leber und der Galle hilft er in jedem Falle."
Als Kraut für eine belebende Frühjahrskur ist die Pusteblume seit einiger Zeit sehr begehrt, allerdings muss man beim Sammeln in der freien Natur immer darauf achten, dass keine Straße in der Nähe verläuft und sich Schadstoffe auf den Blättern ablagern. Da ist es doch viel besser, man holt sich ein paar Pflanzen in den Garten oder auf den Balkon. Die Topfkultur hat dabei einen großen Vorteil: Der Löwenzahn kann sich nicht ausbreiten, vorausgesetzt Sie schneiden die verblühten Blüten vor der Samenbildung ab.

Zugegeben etwas ungewöhnlich, aber im Topf lässt sich Löwenzahn gut kultivieren. Probieren Sie doch anstelle einer Wildpflanze eine Zuchtsorte aus, die entwickelt nämlich schöne große Blätter, mit denen Sie Ihren Speiseplan ergänzen können.

AB IN DEN GARTEN UND AUF DEN BALKON

In den ländlichen Gegenden wird vermutlich kaum jemand Löwenzahn im Garten aussäen, denn er wächst ja rundherum in der freien Natur, meist sogar nahezu schadstofffrei. Es gibt allerdings Kulturformen des Löwenzahns, die große Blätter hervorbringen und stattliche Wurzeln ausbilden. Für Löwenzahnliebhaber könnten die Pflanzen eine echte Bereicherung im Garten sein, genauso wie für Freunde der Wildkräuterküche. Der Samen wird zwischen Mai und Juni ausgesät. Für ein gutes Wachstum lohnt es sich, zuvor das Beet mit Kompost zu versorgen. Die Samen sind sehr klein, Sie sollten die Pflänzchen deshalb auf 20 cm Abstand vereinzeln. Bei der Topfkultur sollten Sie das ebenso machen, die Pflanzen dürfen hier aber ein wenig enger stehen. Das ausgewählte Gefäß muss jedoch unbedingt groß genug sein; eine Löwenzahnwurzel braucht Platz, denn sie kann über 50 cm lang werden. Weil sich der Löwenzahn beinahe überall wohlfühlt, bedarf es kaum weiterer Pflege.

Im Salat ist Löwenzahn unschlagbar, vor allem wenn er im Frühjahr noch jung geschnitten wird. Dann sind die Blättchen schön zart und gar nicht bitter. Neben Salat können Sie auch Suppe oder eine Wildkräuterquiche mit Löwenzahn zaubern.

VERARBEITUNGSTIPPS

Alle Teile vom Löwenzahn können verwendet werden. Im Frühjahr können Sie vor der Blüte die Blätter ernten und diese klein geschnitten in gemischte Salate geben und als Gemüse wie Spinat zubereiten. Sein Geschmack erinnert an Endiviensalat. Die Blätter ergeben außerdem einen Tee, der als blutreinigende Frühjahrskur empfohlen wird. Die Blüten können Sie im April, Mai, August und September pflücken, als Tee zubereitet dienen sie als durchblutungsförderndes Gesichtswasser. Besonders nützlich ist außerdem die Wurzel des Löwenzahns, die in Form von Tee und Tinkturen verschiedentlich bei Beschwerden eingesetzt wird. Für eine ganz besonders gehaltvolle Portion frisches Grün graben Sie im Herbst die Wurzeln aus, ohne sie zu verletztten. Zuvor werden die Blätter zurückgeschnitten. Die Wurzeln schlagen Sie dann in einem Eimer in trockenes Substrat, z. B. Holzspäne oder Sand, ein und bedecken sie leicht mit Erde. Wie beim Chicorée wird der Eimer abgedeckt. Bei 15 Grad beginnen die Wurzeln auszutreiben.

DER MAJORAN

FÜR DIE DEFTIGE KÜCHE IST MAJORAN (*ORIGANUM MAJORANA*) WOHL DAS WICHTIGSTE GEWÜRZ, ABER AUCH ZU FISCH, SUPPEN UND SALATEN PASST EINE PRISE MAJORAN SEHR GUT.

Oft wird das Kraut gleichgesetzt mit Oregano, dem Wilden Majoran, der zur selben Pflanzengattung gehört und auch optisch dem Echten oder Garten-Majoran recht ähnlich ist. Die Blüten der beiden Arten sind ganz typisch für die gesamte Familie der Lippenblütler, zu denen auch der Salbei zählt. Majoran stammt ursprünglich aus Kleinasien und dem östlichen Mittelmeerraum. Mit ihm wurde schon in der Antike gewürzt und auch als Liebeskraut war der Majoran geschätzt. In Griechenland war er Aphrodite, der Göttin der Liebe, geweiht. Majoranwein sollte potenzsteigernd sein. Heute jedoch weiß man, dass Majoran vor allem das ätherische Majoranöl enthält und krampflösende und verdauungsfördernde Wirkungen hat. Das Kraut wird sowohl bei Erkältungskrankheiten, als auch bei rheumatischen Beschwerden empfohlen.

Die kleinen Blüten des Oregano sind wahre Insektenmagneten und für Schmetterling & Co. eine beliebte Nahrungsquelle. In Salaten und als essbare Dekoration machen sich die Blüten aber auch gut.

Auf der Kräuterspirale ist der Platz für den Majoran ganz oben. Er liebt es trocken und warm, genauso wie Salbei, Rosmarin und Currykraut. Weiter unten folgen dann die Pflanzen, die es etwas feuchter mögen.

AB IN DEN GARTEN UND AUF DEN BALKON

Mit einem guten Ertrag können Sie rechnen, wenn das Kraut an seinem Standort mit viel Sonne und Wärme sowie wenig Regen verwöhnt wird. Auf der Kräuterspirale ist er deshalb ganz oben am besten aufgehoben. In den warmen Mittelmeerländern wächst Majoran mehrjährig, bei uns wird er allerdings einjährig kultiviert. Die kalten Winter übersteht er nicht. Im Fachhandel gibt es Saatgut zu kaufen, die eigene Vermehrung ist nur über Stecklinge möglich, denn Majoran kommt kaum zur Blüte. Wenn Sie im März die Samen auf einer warmen Fensterbank anziehen, später *pikieren* AUF SEITE 57 und die Jungpflanzen dann im Mai nach den Eisheiligen ins Freie setzen, werden Sie schon bald die ersten Blättchen ernten können. Wird nicht so viel vom würzigen Kraut benötigt, dann reicht es, sich ein paar vorgezogene Pflanzen zu kaufen, die auch auf dem Balkon gut gedeihen. Majoran wird 30–60 cm hoch.

WILDER MAJORAN

Auch Oregano (*Origanum vulgare*), der Wilde Majoran oder Dost, ist ein „Kind" der Mittelmeerregion, das sich heute in ganz Europa angesiedelt hat.

An Böschungen oder sonnigen Waldrändern kann man den Oregano bei Wanderungen oder Spaziergängen entdecken. Im Gegensatz zum Garten-Majoran wächst er mehrjährig und wird auch etwas höher. Neben der „wilden" Form gibt es noch einige Arten und Sorten wie den Griechischen oder den Spanischen Oregano. Sie unterscheiden sich in der Blattgröße und im Geschmack und bieten für Liebhaber der südländischen Küche eine echte Bereicherung der Würzpalette. Der Oregano hat sich als typisches Pizzagewürz immerhin einen Namen gemacht. Genauso wie der Echte Majoran wächst auch Oregano an einem sonnigen trockenen Platz im Garten und auch auf dem Balkon. Am aromatischsten sind die Blätter während der Blüte, dann können Sie die Triebe schneiden und trocknen, den ganzen Sommer über können Sie die Blättchen aber auch frisch ernten und zum Würzen verwenden.

VERARBEITUNGSTIPPS

Im Gegensatz zu manch anderem Kraut behält Majoran sein würziges Aroma beim Trocknen fast vollständig und kann dadurch für längere Zeit konserviert werden. Genauso gut lässt sich Majoran einfrieren. Oregano lässt sich ebenso bevorraten, beim Kochen gibt es aber einen Unterschied zwischen beiden Arten: Während der Echte Majoran beim längeren Garen an Aroma verliert und deshalb nur kurz in den Kochtopf kommt, entwickelt Oregano seinen vollen Geschmack erst, wenn es so richtig heiß um ihn herum wird. Lassen Sie ihn deshalb mindestens 10–15 Minuten mitgaren.

DIE MINZE

AN VIELFALT IST DIE MINZE (*MENTHA* SPEC.) WOHL KAUM ZU ÜBERBIETEN. PFEFFERMINZTEE, KAUGUMMI UND SCHOKOLADE MIT MINZGESCHMACK, ALL DAS ZEIGT, WIE SEHR DIESES AROMA UNS FASZINIERT.

In der Küche sind vor allem die Grüne Minze (*Mentha spicata*) und die Pfefferminze (*Mentha × piperita*) interessant. Darüber hinaus gibt es aber viele verschiedene Geschmacksrichtungen, von Apfel-, über Banane- und Orange- bis zur Schoko-Minze. Die meisten davon sind gut winterhart und pflegeleicht. Eigentlich könnte man sich ein eigenes Minzenbeet anlegen oder die Treppe zum Hauseingang mit Minzen säumen. Dann kann jede Besucherin und jeder Besucher erst einmal ein Blättchen naschen, sich damit erfrischen und erfreuen. Minzen sind einfach unglaublich! Als mediterranes Kraut im Mittelmeerraum beheimatet, kam die Minze mit den Römern nach Nordeuropa.

Sehr alte Erzählungen behaupten hingegen, dass wir die Minze einem Gott oder einer Göttin – das ist wohl nicht ganz geklärt – zu verdanken haben. Es gibt nämlich verschiedene Geschichten über die Minze, die sich allesamt in der Unterwelt abspielen: Hades, der Gott der Unterwelt, verliebte sich in die Nymphe Minthe. Als seine Gemahlin, die Göttin Persephone, die Liebelei entdeckte, soll er Minthe in eine duftende Minze verwandelt haben, um seine Geliebte dem Zorn der Ehefrau zu entziehen. Vielleicht war es aber auch so, dass Persephone selbst die Geliebte des Mannes tötete und in viele Stücke zerriss, die Hades auf der ganzen Welt verstreute. Daraus wuchsen dann wunderbar duftende Pflanzen. Ob er nun selbst die Geliebte verwandelte oder die Göttin Persephone Hand anlegte, das sei dahingestellt. Jedenfalls haben wir dieser Liebelei wohl das wunderbar duftende Kraut zu verdanken.

VON ARTEN UND SORTEN

Die Echte Pfefferminze (*Mentha × piperita*) ist ein Kreuzungsprodukt englischer Züchter. Seither wächst sie beinahe in jedem englischen Garten und ist fester Bestandteil der englischen Küche. Der unnachahmliche Mentholgeschmack ist ihr Kennzeichen, sie enthält sehr viel vom ätherischen Öl Menthol. Der kühlende Effekt ist wohl das interessanteste daran, nicht nur um sich zu erfrischen, sondern auch um Beschwerden zu lindern. Pfefferminztee hilft bei Erkältungsbeschwerden und bei Magen- und Darmerkrankungen.

TOPFGARTEN MIT MINZEN

Ananas-Minze
weißbunte Blätter, fruchtiges Ananasaroma ohne Menthol, wächst nicht so kräftig wie andere Minzearten

Erdbeere-Minze
schon beim leichten Berühren entströmt ein herrlicher Erdbeerduft, zerreibt man die Blätter, duftet es nach Schwarzwälder-Kirsch-Torte, wächst kompakt und ist gut für die Topfbepflanzung geeignet

Cocktail-Minze
bestens geeignet für den Cocktail Hugo, frisch-würziger Geschmack, wächst kompakt

Marokkanische Minze
beliebte Teeminze mit mildem Mentholaroma, nur bedingt winterhart, sie braucht einen guten Winterschutz

Schoko-Minze
schwarzbraune Blattstiele, sehr dekorativ, mit einzigartigem Schoko-Minz-Aroma

Wirklich alle Minzearten und -sorten vorzustellen, das würde ein ganzes Buch füllen. Probieren Sie einfach selbst aus, welche Aromen Ihren Geschmack und den der Familienmitglieder am besten treffen. Übrigens sind die fruchtigen Minzen gut für das Kinderbeet oder den Kindertopf geeignet. Die Kleinen lieben Düfte und zupfen sicher mit Hingebung einige Blättchen für den Joghurt oder zum Eis ab und haben so gleich eine kleine Portion gesundes Grünzeug genascht.

Minzsirup leicht gemacht: Zucker und Wasser im Verhältnis 1:1 aufkochen und einen Bund Minze über Nacht darin ziehen lassen. Am Folgetag abseihen, aufkochen und in Flaschen füllen. Fürs Picknick dann einfach mit Sprudel verdünnt in kleine Portionen aufteilen. Schmeckt frisch und lecker!

Eine Varietät der Echten Pfefferminze ist die Orangen-Minze (*Mentha × piperita* var. *citrata*), die fast gar nicht minzig schmeckt, dafür aber sehr fruchtig. Für Desserts und Cocktails ist sie besonders gut geeignet. In der herzhaften Küche hat die Grüne Minze (*Mentha spicata*) ihren Platz. Gemüse und Lammfleisch erhalten durch sie eine besondere Note, aber auch Minzmarmelade wird vornehmlich mit dieser Art gemacht. Eine Sorte der Grünen Minze ist 'Crispa', die berühmte Spearmint-Kaugummi-Minze, die auch in Zahncremes und Mundwasser verarbeitet wird. Für den einen oder anderen Kräutertee ist außerdem die Wasser-Minze (*Mentha aquatica*) interessant, die gar kein Menthol enthält und deshalb sehr mild schmeckt. An den Fuß einer Kräuterspirale oder gleich an den Teich gesetzt, wird sie sich gut entwickeln. Je trockener sie steht, umso schärfer wird ihr Geschmack.

AB IN DEN GARTEN UND AUF DEN BALKON

Minzen sind sehr problemlose Gartenbewohner, mehrjährig, überwiegend winterhart und ergiebig, was die Ernte anbelangt. Am besten wachsen sie auf einem nährstoffreichen, humosen und tiefgründigen Boden im Halbschatten oder auch in der Sonne, wichtig ist vor allem eine gute Wasserversorgung.

Was so manche Gärtnerin allerdings schon zum Verzweifeln gebracht hat, ist ihr unbedingter Ausbreitungsdrang. Minze lässt sich nicht gerne im Zaum halten, wird sie dort ausgerissen, tauchen an anderer Stelle Ausläufer auf, die durch die Gemüsebeete wuchern. „Sie haben lange Beine und sind immer schon ein Stück weiter als da, wo man sie erwartet und wo man sie haben möchte", schrieb der verstorbene Autor Jürgen Dahl einmal über Minzen und da hat er wirklich Recht. Um dem wüchsigen Kraut Herr zu werden, können Sie es mit Wurzelsperren versuchen; Illusionen sollten Sie sich aber nicht darüber machen, dass die Gefahr dadurch gebannt wäre. Es gibt verschiedene, sehr tief wurzelnde Arten und Sorten, die sowohl unter der Wurzelsperre herauswachsen als auch über sie hinweg. Weil Minzen aber so beliebt sind, sieht beinahe jeder Kräutergärtner über dieses Manko hinweg; die anderen kultivieren Minzen einfach im Topf.

Bei Minzrost hilft vor allem ein starker Rückschnitt. Die Pflanzen treiben recht willig und gesund wieder nach.

Viele Sorten sind für die Topfkultur geeignet und werden auch gut gedeihen, wenn ihre Bedürfnisse erfüllt werden. Das ist vornehmlich eine humose und immer etwas feuchte Erde. In Tontöpfe gepflanzte Minzen strahlen ein besonders mediterranes Bild aus, für die Wasserversorgung der Pflanzen sind diese Töpfe allerdings nicht so empfehlenswert, weil sie schnell austrocknen. Besser sind Kunststofftöpfe, die mittlerweile auch in sehr schöner Optik erhältlich sind. Sie können natürlich auch einfach einen Tontopf als Übertopf verwenden.

Obwohl Minzen üppig wachsen und es immer viel zu ernten gibt, möchte man von der einen oder anderen Pflanze ganz gerne mehr als ein Exemplar haben, entweder für

den eigenen Kräutergarten oder aber zum Verschenken. Am besten geht das mit *Stecklingen* AUF SEITE 57.
Es kann übrigens vorkommen, dass die Minze von einem Pilz befallen wird, dem Pfefferminzrost. Rötliche Flecken auf den Blättern deuten darauf hin. Die Blätter können dann nicht mehr verwertet werden. In diesem Fall wird die Pflanze bodennah zurückgeschnitten und treibt später wieder neu und frisch aus.

VERARBEITUNGSTIPPS

Für den Nachtisch, die Bowle, den Tee oder zu den frischen Erdbeeren können immer wieder Minzeblätter abgezupft werden. Soll ein Teil der Minze aber getrocknet werden, dann ist der beste Erntezeitpunkt vor Blühbeginn. Dann nämlich enthalten die Blätter am meisten Inhaltsstoffe und die bleiben auch beim Trocknen größtenteils erhalten. Sie können die ganzen Triebe abschneiden, bündeln und an einem luftigen trockenen Ort aufhängen oder die Blättchen von den Trieben abzupfen und im Dörrapparat oder dem Ofen AUF SEITE 71 *trocknen*. Für das Würzen oder Aromatisieren sind die Stängel wertlos, denn sie enthalten kaum ätherisches Öl.
Im Eiswürfelbehälter können einzelne Blättchen auch eingefroren und zur Bowle oder zum Sekt gereicht werden. Das sieht schön aus und ist sehr erfrischend. Ob frisch oder getrocknet, Pfefferminze und ihre anderen Minze-Verwandten können ganz vielseitig und nach Belieben eingesetzt werden.
Minze schmeckt übrigens nicht nur zu süßen Speisen. Fleisch und Fischgerichte bekommen mit dem erfrischenden Kraut eine ganz besondere Note. Die orientalische Küche hat das schon vor vielen Jahrhunderten entdeckt und tolle Rezepte kreiert, die heute auch in Europa gerne gegessen werden.

MINZSUPPE

Zutaten für 4 Personen. Am besten schmeckt die Suppe an heißen Sommertagen.

500 g	Salatgurke ohne Kerne
1	kleine Zwiebel
2 Handvoll	frische Minzeblätter
1 EL	Olivenöl
1 EL	Zucker
500 ml	Gemüsebrühe
	Salz, Pfeffer
200 g	Joghurt

GEBEN SIE SICH DEN ULTIMATIVEN FRISCHE-MINZ-KICK UND STARTEN SIE DURCH!

1
Gurke waschen, der Länge nach vierteln und in Würfel schneiden.

2
Zwiebel schälen und würfeln, die Minze in kaltem Wasser säubern, dann klein hacken.

3
Zwiebel in Öl dünsten, die Gurkenwürfel zugeben, mit dem Zucker bestreuen und leicht karamellisieren.

4
Mit der Brühe ablöschen, die Minzblätter zugeben und so lange köcheln, bis die Gurken weich sind.

5
Alles fein pürieren, mit Salz und Pfeffer würzen, kalt stellen. Vor dem Servieren den Joghurt unterziehen.

DIE PETERSILIE

SIE IST DER KLASSIKER SCHLECHTHIN UND DAS BEKANNTESTE KRAUT DEUTSCHLANDS. SELBST WENN JEMAND SO GAR NICHT AUF KRÄUTER STEHT – UM DIE PETERSILIE (*PETROSELINUM CRISPUM*) KOMMT MAN KAUM HERUM.

Im Supermarkt gibt es das Kraut frisch und bündelweise zu kaufen, aber auch im Kräuterbeet oder im Balkonkasten wächst es gut und steht dann ganz frisch zur Verfügung. Petersilie wird so selbstverständlich zum Würzen genommen, nur beim genauen Hinschauen sieht man, dass die Pflanze ganz nebenbei auch sehr hübsch aussieht. Hauptsächlich kommt die Blatt-Petersilie auf unsere Teller, entweder als Krause oder als Glatte Petersilie, daneben gibt es aber auch noch die Wurzelpetersilie, deren Blattwerk Nebensache ist. Bei ihr geht es um die delikat schmeckende Wurzel, die wie Karotte zubereitet wird.

In der Antike war Petersilie zuerst Heilpflanze und begehrt wegen ihrer verdauungsfördernden und harntreibenden Wirkung. Viel später machte Karl der Große die Petersilie salonfähig und holte sie in unsere Gärten. Damals wurden Wurzeln und Samen noch in hohen Dosen als Abtreibungsmittel eingenommen – nicht selten mit tödlicher Folge. Als Küchenkraut ist Petersilie aber völlig unbedenklich und im Gegenteil sehr gesund mit ihren hauptsächlichen Inhaltsstoffen Betacarotin, Kalium, Calcium und Vitamin C.

KRAUS ODER GLATT – WAS DARF ES SEIN?

Jede Form, ob kraus oder glatt, hat ihre besonderen Vorteile und Verwendungsmöglichkeiten; am besten hat man beide parat. Die Krause Petersilie – die schon in Homers Odyssee erwähnt wird – enthält weniger ätherisches Öl und schmeckt deshalb etwas milder. Zu Spiegel- und Rührei, Salaten und vielen anderen Gerichten, die man mit einer extra Portion Vitaminen versehen will, ohne dass ein dominanter Geschmack dazukommt, passt sie sehr gut. Mehr noch als die glatte Petersilie wird sie aber auch zum Dekorieren und Verzieren genommen, die schönen krausen Blätter sind dafür gut geeignet.

Die Glatte Petersilie ist eine Variation der Krausen und im Geschmack viel intensiver. Das pfeffrig-würzige Petersilienaroma mit einem Hauch von Anis kommt bei ihr besonders gut zur Geltung. Sie wird aber schneller welk als ihre krause Schwester, kann also nicht allzu lange aufbewahrt werden. Sie ist ein Bestandteil der Frankfurter Grünen Soße und von Salsa Verde.

AB IN DEN GARTEN UND AUF DEN BALKON

Die Petersilie wächst zweijährig, das heißt sie bildet im ersten Jahr nach der Aussaat die Blätter und kommt im zweiten Jahr zur Blüte. Wenn sich Blütenstängel und weiße Blütendolden bilden, schmeckt das Kraut nicht mehr so aromatisch, deshalb wird sie meist nur einjährig kultiviert. Ein sonniger und halbschattiger Platz im Garten und ein humoser, nährstoffreicher Boden sind genau richtig für ein gutes Gedeihen. Weil Petersilie nicht kälteempfindlich ist, kann sie schon im März ausgesät werden. Sollen mehrere Reihen Petersilie wachsen, ist ein Abstand zwischen den Reihen von 10–15 cm optimal. Es dauert eine ganze Weile, bis die Samen aufgehen, da ist Geduld angesagt. Wenn sie aber erst einmal aufgegangen ist, entwickelt sich die Petersilie sehr gut.

Mit Petersilie können Sie in der Küche eigentlich gar nichts falsch machen. Sie passt zu fast jedem Gericht, ist Topping und frische Zutat für Fleisch, Kartoffeln, Suppen …

Wird im nächsten Jahr wieder Petersilie ausgesät, sollte das möglichst nicht am selben Platz geschehen, darauf reagiert sie nämlich recht empfindlich. Bei der Topfkultur gelten ganz ähnliche Bedingungen: Sie können Petersilie entweder aussäen oder pflanzen, die Erde sollten Sie jährlich wechseln.

In den Supermärkten wird Petersilie nicht nur im Bund, sondern auch im Topf angeboten, genauso wie Schnittlauch und Basilikum. Auf der Fensterbank in der Küche platziert liefert sie über einen kurzen Zeitraum frisches Grün.

Petersilie welkt zwar nicht so schnell wie Basilikum, aber häufig wird sie im Zimmer von Schädlingen wie der Weißen Fliege befallen. Nicht selten sitzen die Schädlinge schon beim Kauf an den Blättern oder im Boden. Sie können die Pflanze gleich umtopfen, um ihre Lebensdauer zu verlängern. Gerade bei der Zimmerkultur sollten Sie dann aber aufpassen, dass Sie nicht zu viel und nicht zu wenig gießen.

VERARBEITUNGSTIPPS

Frisch kann die Petersilie jederzeit geschnitten werden, in Wasser gestellt oder in ein feuchtes Tuch eingeschlagen halten sich die Stängel einige Tage. Für einen Vorrat kann das Kraut eingefroren werden. Dazu waschen Sie das Erntegut unter kaltem Wasser, schütteln es trocken und hacken es dann. Zum Trocknen eignet es sich dagegen nicht. Zu viele Geschmacks- und Inhaltsstoffe gehen dabei verloren.

In Quark, Kräuterbutter, Dips, Salaten und Marinaden kommt das Petersilienaroma sehr gut zur Geltung. Wird das Kraut dagegen in der Suppe mitgekocht, verflüchtigt sich der Geschmack. Erst ganz zum Schluss der Garzeit kommt Petersilie deshalb zu Suppen oder anderen warmen Speisen.

DER PORTULAK

ETWA 400 ARTEN SIND IN DER FAMILIE DER PORTULAKGEWÄCHSE ZUSAMMENGEFASST, DER GEMEINE PORTULAK (*PORTULACA OLERACEA*) STAMMT WAHRSCHEINLICH AUS INDIEN UND IST EINE URALTE NUTZ- UND HEILPFLANZE.

In Deutschland hat er wohl nie richtig Fuß gefasst, obwohl man ihn im Mittelalter und zu Goethes Zeiten anscheinend als schnell wachsendes und sehr schmackhaftes Gemüse schätzte. In anderen Ländern dagegen hat er eine lange Tradition und wird vielfach als Gemüse und Salat verwendet.

Ende des letzten Jahrhunderts wurde der Portulak von Gourmetrestaurants entdeckt und zur besonderen Genusspflanze erhoben, doch noch immer ist er in unseren Gärten kaum vertreten – und das völlig zu Unrecht. Interessant sind nämlich neben dem unkomplizierten Anbau vor allem auch die Inhaltsstoffe, denn Portulak ist eine echte Vitaminbombe. Pro 100 g enthält er etwa 21 mg Vitamin C, Vitamin A und Folsäure sowie knapp 500 mg Kalium, außerdem noch Magnesium und Kalzium. *Portulaca oleracea* subsp. *sativa* ist der botanische Name vom Sommer-Portulak, der für den Anbau im Topf und im Garten geeignet ist. Daneben gibt es noch den Winterportulak (*Claytonia perfoliata*), der zwar nicht zu der selben Gattung, aber zur Familie der Portulakgewächse gehört.

AB IN DEN GARTEN ODER AUF DEN BALKON

Sommer-Portulak ist einjährig und einfach zu kultivieren. Weil es nicht sehr häufig nachgefragt wird, bekommt man Saatgut nicht unbedingt in Gärtnereien oder einem Gartencenter. Im Internet gibt es aber eine ganze Reihe von spezialisierten Gärtnereien, die Samen versenden.

Sommer-Portulak wird ab Mai ausgesät. Er wird bis 30 cm hoch, entwickelt kriechende rötliche Triebe und kleine gelbe Blüten. Lassen Sie einige Blüten ab August ausreifen, dann kann es zur Selbstaussaat kommen und Sie müssen sich um die jährliche Beschaffung von Saatgut nicht mehr kümmern. Schon bald nach dem Säen bilden sich die ersten Triebe und die Ernte kann beginnen. Ein geschützter Platz und warmer, durchlässiger, eher sandiger Boden sagen dem Sommer-Portulak zu, der als Lichtkeimer nicht mit Erde bedeckt werden darf. Drücken Sie die Samen lediglich etwas an, damit sie Bodenschluss haben. Für die Aussaat im Kübel oder Balkonkasten gilt dasselbe. Unter die normale Aussaaterde wird zur Hälfte Sand gemischt, dann ist der Boden genau richtig. Nach der Aussaat wird gewässert, das war's!

WINTERPORTULAK

Der Winterportulak, der auch als Postelein oder Kubaspinat bekannt ist, wächst genau wie Sommer-Portulak einjährig, verträgt aber Temperaturen bis –20 Grad. Er mag humose, nährstoffhaltige Böden, die nicht zu schnell austrocknen. Von September bis Mai ist Aussaatzeit, im Garten kann er gut auf abgeerntete Beete auch breitwürfig ausgesät werden. Rechen Sie die Samen in die Erde ein, sie sollten etwas mit Erde bedeckt sein.

Besonders für Balkon und Terrasse ist Winterportulak geeignet, der selbst tiefe Temperaturen im Kübel oder Balkonkasten übersteht. Nahe am Haus platziert, kann man sich dann jederzeit frisches vitaminreiches Grün holen. Im Winter ist das ein echter Luxus.

Der Winterportulak (*Claytonia perfoliata*) wird auch Tellerkraut genannt und trägt diesen Namen zurecht. Die zierlichen, tellerförmigen und etwas ledrigen Blätter schmecken köstlich zu Salat und noch viel mehr. Schauen Sie beim Kauf genau auf die Samentüte. Schon manch einer hat sich gewundert, dass der so gelobte Portulak den Winter nicht überstanden hat.

VERARBEITUNGSTIPPS

Geerntet werden die Triebspitzen, junge Blätter und Blattrosetten, die angenehm säuerlich und nussartig schmecken, ältere Blätter werden dagegen bitter. Auch die Blütenknospen vom Sommer-Portulak sind essbar und können wie Kapuzinerkresseknospen als *Kapernersatz* AUF SEITE 105 eingelegt werden. Als Salat oder Salatzugabe schmeckt Portulak gut, aber auch in Suppen, wie Spinat kurz blanchiert, in Quark oder Kräutersoßen. Eine geeignete Form der Haltbarmachung ist das *Einlegen in Essig* AUF SEITE 73.

PORTULAK-BANANEN-SMOOTHIE

2 EL	Leinsamen
1	Apfel
1	Orange
1	Banane
2 Handvoll	Portulak
1/2 Bund	Koriander
1/2 Bund	Petersilie
200 ml	Wasser

EINE SCHNELLE MAHLZEIT FÜR ZWISCHENDURCH!

1

Den Leinsamen über Nacht in 100 ml Wasser einweichen.

2

Den Apfel waschen, achteln, Stiel- und Blütenansatz entfernen. Orange und Banane schälen und zerkleinern. Zusammen mit dem gequollenen Leinsamen in den Mixer geben.

3

Portulak, Koriander und Petersilie waschen, trocken schütteln und grob hacken. Ebenfalls in den Mixer füllen, zum Schluss das Wasser zugeben.

4

Alles erst auf kleinster Stufe, dann auf der höchsten cremig pürieren. Eventuell noch etwas Wasser zugeben.

DIE RINGELBLUME

SIE IST DER „SONNENSCHEIN“ UNTER DEN KRÄUTERN UND BLUMEN, DIE BLÜTEN BESITZEN EINE LEUCHTKRAFT, DIE IHRESGLEICHEN SUCHT.

Einmal im Garten angesiedelt, samt sich die Ringelblume (*Calendula officinalis*) alljährlich neu aus, wächst hier und dort zwischen Gemüse und im Staudenbeet und macht einfach gute Laune. Nicht zu unterschätzen ist ihr ökologischer Wert. Die genügsame Pflanze ist die Lieblingsblume von Schwebfliegen, deren Larven sich wiederrum von Blattläusen ernähren. Wer Ringelblumen im Garten oder auf dem Balkon hat, lockt nützliche Insekten an, die Ihre Pflanzen schützen. Ist das nicht wunderbar? Ohne Insekten beziehungsweise eine vielfältige Fauna stände es sowieso schlecht um unseren Garten, ja um die gesamte Umwelt. Die Sorge um den Erhalt der Bienenvölker und der Wildbienen hat wieder bewusst gemacht, wie wichtig z. B. Insekten für die Natur sind. Mit einem Nützlingsbeet werden Insekten in den Garten gelockt und die Artenvielfalt gestärkt.

Ursprünglich stammt die Ringelblume aus Südeuropa und Asien, ihr Name rührt von ihren geringelten Samen her. Die Ringelblume bildet drei verschiedene Samenformen aus, mit denen sie sich jeweils einer anderen Verbreitungsart bedient. Die äußeren sind leicht gebogen und entschweben mit dem Wind, die mittleren haben einen Haken und bleiben im Fell oder Gefieder vorbeistreifender Tiere hängen und die inneren kleinen kugeligen Samen fallen ganz in der Nähe der Mutterpflanze zu Boden.

AB IN DEN GARTEN UND AUF DEN BALKON

Es gibt kaum ein genügsameres Kraut als die Ringelblume, die keine besonderen Standortansprüche hat. Mit dem Aussäen können Sie ab März beginnen, und wenn die Pflanzen etwa 20 cm Platz zueinander haben, werden sie sich gut entwickeln.

Die Samen sind groß genug und können einzeln in einen vorbereiteten Topf mit Pflanzenerde etwa 1–2 cm tief gesteckt werden. Andrücken der Erde nicht vergessen! Kindern macht eine solche Arbeit auch viel Spaß, zumal Ringelblumen gut in das eigene kleine Kinderbeet passen. Bleiben einige Blütenköpfe stehen bis zur Samenreife, dann können sie abgenommen und nach einer Trocknungsphase bis zum nächsten Jahr aufgehoben werden. Fertigen Sie kleine Tütchen an, die mit der Art und der Farbe und dem Erntejahr beschriftet sind.

RASTSTÄTTE FÜR NÜTZLINGE

Einjährige Arten, die Insekten lieben, sind Dill, Borretsch, Ringelblume, Kapuzinerkresse, Kamille, Sonnenblume und Tagetes. Mischen Sie die Samen und verteilen Sie sie gleichmäßig auf einem gut vorbereiteten Beet. Mit dem Rechen einarbeiten und mit dem Rechenrücken andrücken, dann gießen. Alles Weitere macht die Natur von selbst.

Mehrjährige Arten für ein dauerhaftes Nützlingsbeet sind Schafgarbe, Johanniskraut, Thymian, Lavendel, Löwenzahn oder Brennnessel. Setzen Sie ein bis drei Pflanzen je Art auf ein gut vorbereitetes Beet oder in einen Kübel. Nach dem Einpflanzen wird die Erde gut festgedrückt und gewässert.

VERARBEITUNGSTIPPS

Ein gutes Mittel zur Haltbarmachung ist das Trocknen. In der Küche sind Ringelblumen vor allem als essbare Dekoration und für einen Blütensalat zu gebrauchen. Die Blüten werden aber auch für Tees und in der Naturkosmetik eingesetzt.

Eine *Ringelblumensalbe*, die bei Stauchungen, Quetschungen und ähnlichen Verletzungen gute Dienste leistet, kann einfach selbst hergestellt werden. Sie wird nach Anleitung AUF SEITE 74 aus 10 g getrockneten oder 20 g frischen Ringelblumen, 100 ml Sonnenblumenöl und 20 g ungebleichtem Bienenwachs zubereitet. Mit Ringelblumenkompressen können Sie raue, rissige Haut wieder zart werden lassen.

DER ROSMARIN

ER IST EIN TYPISCH MEDITERRANES GEWÜRZ UND WÄCHST WILD IM MITTELMEERRAUM. IN DER MACCHIA PRÄGEN ZUM TEIL MANNSHOHE STRÄUCHER DAS LANDSCHAFTSBILD.

Bereits 2011 hat der Rosmarin (*Rosmarinus officinalis*) den Titel Heilpflanze des Jahres erhalten, weil er eine ganze Reihe von gesundheitsfördernden Eigenschaften in sich vereint. Ätherisches Öl (Campher, Cineol), Bitterstoffe, Gerbstoffe, Harze und Flavonoide sind vor allem in den nadelförmigen Blättern enthalten, die u. a. durchblutungsfördernd, desinfizierend, belebend und harntreibend wirken. Als Heilkraut war Rosmarin schon im Mittelalter bekannt und begehrt, darüber hinaus war er aber auch eine wichtige Zauberpflanze und sollte böse Geister vertreiben. Aber sogar schon früher bei Ägyptern, Römern und Griechen war der Rosmarin heilig, als Räucherkraut reinigte er mit seinem intensiven Duft Ställe und Häuser.
Auch heute noch tun Rezepturen aus Rosmarin der Gesundheit gut, daneben ist der Halbstrauch ein kräftiges Würzkraut, das zu Fleischgerichten und Fisch genauso passt wie zu deftigen Bratkartoffeln. Es würzt und hilft gleichzeitig bei der Verdauung; besser kann es nicht gehen.

Seine Heimat kann der Rosmarin nicht verleugnen, wenn es um die Winterhärte geht. Viele Sorten überstehen tiefe Temperaturen nicht. Seit einigen Jahren ist die Züchtung jedoch einen Schritt vorangekommen und bietet mittlerweile Sorten an, die sich selbst im kalten Spessart bewähren. Besonders 'Veitshöchheim', 'Arp', 'Blue Winter' und 'Hill Hardy' sind hier zu nennen.

AB IN DEN GARTEN UND AUF DEN BALKON

Rosmarin ist eine anspruchslose Pflanze. Sonne, Wärme, ein durchlässiger humoser Boden und nicht zu viel Nährstoffe sind die Zutaten für ein gutes Gedeihen. Er passt ins Kräuterbeet, in den Steingarten und auf die Kräuterspirale, ganz oben hin in den trockenen Bereich. Aus den verschiedenen Sorten können Sie sich die passende für den eigenen Garten aussuchen, sogar für die Topfbepflanzung gibt es spezielle Sorten. Interessant und einen Versuch wert ist der Hänge-Rosmarin dessen Triebe nicht aufrecht wachsen, sondern sich seitlich oder nach unten schlängeln, wenn er im Hängekorb wächst. Die Wuchsform sieht auch im Steingarten oder einem stehendem Topf nett aus.

Das Einpflanzen von Rosmarin geht problemlos im Garten und im Topf. Die Pflanze kommt so tief in den Boden, wie sie zuvor im Topf gewesen ist, das Pflanzloch um den Rosmarin herum füllen Sie mit Erde auf, drücken alles gut fest und gießen an.

Auch wenn es mittlerweile recht frostharte Sorten gibt, so ist ein Winterschutz mit Reisig oder Ähnlichem doch angebracht, vor allem im Winter nach der Neupflanzung oder auch, wenn sehr tiefe Temperaturen angekündigt sind. Frostempfindliche Sorten werden am besten gleich im Kübel kultiviert und im Haus hell und kühl überwintert. Eine Vermehrung über Samen ist langwierig und mühsam, besser Sie nehmen im Herbst *Stecklinge* AUF SEITE 77 und lassen sie bewurzeln.

VERARBEITUNGSTIPPS

Rosmarin ist ideal zum Trocknen, denn die getrockneten Blätter schmecken sogar noch intensiver als die frischen und können ruhig eine Zeitlang mitgekocht werden. Beim Würzen ist eine zurückhaltende Dosierung angesagt.

Das faszinierende am Rosmarin ist sein intensiver Duft, der auch in kosmetischen Produkten eingefangen werden kann. Ein Badesalz aus Rosmarin und Meersalz belebt und verwöhnt Körper und Geist, ein Öl regt die Durchblutung an.

Früher wurde mit Rosmarin häufig in Häusern und im Stall geräuchert. Kräuter wie Rosmarin und auch Salbei wirken desinfizierend; diese Eigenschaft machte man sich in Krankenhäusern und auf Höfen zunutze. Traditionell wird noch heute auf manchen Höfen in Bayern und Österreich am Heiligen Abend, an Silvester und am Vorabend das 6. Januar geräuchert. Mit dem Räuchern sollen auch böse Gedanken und Geister vertrieben werden. In eine alte gusseiserne Pfanne wird glühende Räucherkohle gelegt, darauf kommen Kräuter wie Rosmarin, außerdem Wacholder, Weihrauch und Harz nach Belieben. Nach dem Räuchern werden alle Fenster weit aufgemacht, damit die schlechte Energie entweichen kann.

DIE ALTERNATIVE KRÄUTERSPIRALE

Ein Kräuterturm ist eine platzsparende Alternative zur Kräuterspirale. Befüllen Sie drei unterschiedlich große Töpfe mit Erde. In den größten unteren Topf kommt nährstoffreiches Substrat für Kräuter wie Schnittlauch, Petersilie und Dill, die es gerne auch etwas feuchter lieben. In den mittleren Topf kommt gute Kräutererde, z. B. für Majoran, und in den kleineren dann mit Sand vermischte Kräutererde für Rosmarin, Salbei oder Lavendel. Stellen Sie die Töpfe übereinander, sodass sie stabil stehen. Dann können Sie den Kräuterturm bepflanzen – und genießen!

DER SALBEI

IM MITTELALTER KANNTE MAN SPRÜCHE WIE „WARUM SOLL EIN MENSCH STERBEN, WENN SALBEI IN SEINEM GARTEN WÄCHST“ ODER „WER SALBEI BAUT, DEN TOD KAUM SCHAUT“, DIE DIE GROSSE WERTSCHÄTZUNG ZEIGEN, DIE DEM SALBEI ENTGEGENGEBRACHT WURDE.

Der panaschierte Salbei ist fürs Kräuterbeet genauso gut geeignet wie für die Staudenrabatte. Wagen Sie die Kombination von Würz- und Zierstauden, denn die schön gezeichneten Blätter sind ein echter Augenschmaus.

Seine desinfizierenden Eigenschaften erkannte man schon früh und räucherte Krankenhäuser damit, wie schon beim Rosmarin beschrieben. Sein botanischer Name *Salvia officinalis* zeugt ebenfalls von seiner Heilkraft, denn *Salvia* stammt vom lateinischen *salvare* ab und bedeutet retten bzw. erretten. Den hinteren Artnamen *officinalis* tragen auch andere Heilkräuter. Er drückt aus, dass die Pflanze für medizinische Zwecke geeignet ist. Vor allem ätherisches Öl mit Thujon und Kampfer ist im Salbei enthalten, das macht auch den würzigen, leicht bitteren Geschmack aus. Thujon ist allerdings in größeren Mengen schädlich für den menschlichen Körper. Im Übermaß sollten Sie Salbei deshalb nicht genießen.

Das allein macht Salbei aber noch lange nicht aus, denn auch als Würzkraut ist er eine echte Bereicherung der Küche, man denke nur an das berühmte Saltimbocca aus Kalbsschnitzel, Schinken und Salbei.

Weltweit gibt es über 800 Salbeiarten, darunter der bekannte Muskateller-Salbei. Auch bei uns wachsen einige Arten wild, die aber als Heil- und Würzkräuter nicht geeignet sind. Der Echte Salbei, der in unseren Gärten wächst, stammt aus dem Mittelmeerraum, außerdem gibt es zahlreiche Sorten. Es lohnt sich, viele Arten und Sorten einmal auszuprobieren. Gerade die fruchtigen Vertreter wie Ananas-Salbei, Marzipan-Salbei oder Honigmelonen-Salbei warten mit herrlichen Aromen auf, die als erfrischende Tees oder zu Süßspeisen perfekt passen.

AB IN DEN GARTEN UND AUF DEN BALKON

Der Echte Salbei ist ein winterharter Halbstrauch, der bis zu 70 cm hoch wird und sich stark verzweigt. An einem sonnigen und geschützten Platz wird er sich gut entfalten und ist mit seinen samtig behaarten Blättern auch noch sehr dekorativ.

Wird es sehr frostig, ist ein Winterschutz in Form von Fichten- oder Tannenreisig, das über die Pflanze gebreitet wird, angebracht. Und selbst wenn die Pflanze oberirdisch abfriert, so wird sie doch meistens im Frühjahr wieder frisch austreiben.

Salbei in seinen verschiedenen Arten und Sorten gedeiht auch auf dem Balkon, einzig der Muskateller-Salbei könnte mit seiner Größe bis zu 1,50 m etwas zu ausladend werden. Jungpflanzen werden das ganze Jahr über angeboten, einige Arten und Sorten auch als Saatgut, doch verlangt die Anzucht aus Samen etwas Geduld. Ab März säen Sie die Samen an einem warmen Platz im Haus in feuchte Erde. Die Samen keimen etwa nach 20 Tagen und werden später, wenn sich einige Blättchen gebildet haben, pikiert. Ab Mai können Sie sie an Ort und Stelle auspflanzen.

Vorgezogene Jungpflanzen können zwar ganzjährig gesetzt werden, die beste Pflanzzeit ist aber das Frühjahr oder der Herbst, dann wächst der Salbei bei ausreichender Bodenfeuchtigkeit gut an. Wer gerne die eine oder andere bewährte Sorte vermehren möchte, macht das am besten über *Stecklinge* AUF SEITE 77.

Für den Tee oder zum Würzen kann immer etwas Kraut geerntet werden, die höchste Konzentration an Inhaltsstoffen enthält Salbei kurz vor und mit Beginn der Blüte. Dann können Sie Triebe abschneiden und weiterverarbeiten. Nach der Blüte legt die Pflanze eine Ruhepause ein, und leitet die Samenbildung ein – die können Sie verhindern, indem Sie die Blüten immer wieder abknipsen.

VERARBEITUNGSTIPPS

Vor allem in Italien wird mit viel Salbei gekocht, sei es Gnocchi mit Salbeibutter oder Saltimbocca alla Romana, die würzenden Blätter sind dabei, auch wenn es um andere Fleischgerichte geht. Salbei schmeckt nicht nur gut, er unterstützt auch die Verdauung, und das ist gerade bei schweren deftigen Gerichten nützlich. In Kräuterquarks oder Soßen ist das Kraut ein bisschen zu dominant, eine Mischung mit Thymian, Zwiebeln und Knoblauch mildert den Geschmack ab. Ganz besonders lecker schmeckt Salbei, wenn er in Öl leicht angebraten wird und sein Aroma sich noch stärker entfaltet. Fällt die Ernte sehr üppig aus, kann Salbei gut getrocknet und aufbewahrt werden, einfrieren kommt dagegen nicht infrage.

Als Würzkraut ist Salbei ebenso beliebt wie als Heilkraut und es ist ganz einfach, einige Rezepturen selbst zuzubereiten, wie z. B. einen Tee zum Gurgeln bei Halsschmerzen oder Zahnfleischentzündungen. Umschläge oder Bäder helfen außerdem bei schlecht heilenden Wunden.

Muskateller-Salbei besticht durch seine imposante Erscheinung und die attraktiven Blüten, die auch viele Insekten lieben. Die zweijährige Pflanze ist also eine echte Nützlingsweide. Hildegard von Bingen hat ihn empfohlen bei Vergiftungen.

MUSKATELLER-SALBEI

Der Echte Salbei ist als Klassiker beinahe unentbehrlich im Kräutergarten, doch es gibt noch viele andere Salbeiarten und -sorten zu entdecken, die im Garten und im Topf gut gedeihen und besondere Aromen bieten. Bevor von Ananas- und Marzipan-Salbei die Rede ist, soll aber noch eine andere Art vorgestellt werden, die eine mehr als tausendjährige Tradition hat: der Muskateller-Salbei (*Salvia sclarea*). Im Mittelalter wurde Wein mit ihm veredelt und auch Hildegard von Bingen schätzte ihn als heilkräftige Pflanze. Muskateller-Salbei ist im Gegensatz zum Echten Salbei eine zweijährige Pflanze. Im Aussaatjahr bildet er eine Blattrosette, im zweiten Jahr entwickeln sich die großen Blätter und die eindrucksvollen Blütenstände. Fühlt er sich am Standort – einem sonnigen, eher trockenen, tiefgründigen Platz – wohl, ist eine Selbstaussaat sicher und der Muskateller-Salbei wird jedes Jahr neu erscheinen. Saatgut und auch Pflanzen werden aber auch im Gartenfachhandel angeboten.

Nur während der Blütezeit entwickelt sich der harzig-würzige Duft und umgibt dann die gesamte Pflanze. Zum Würzen kann Muskateller-Salbei genauso verwendet werden wie der Echte Salbei. Ansonsten ist vor allem ein selbst zubereiteter Tee sehr gesund und schmackhaft. Durch eine mehrwöchige Kur soll das Immunsystem gestärkt und auch die Verdauung gefördert werden. Für einen Tee übergießen Sie 1 – 2 Teelöffel Blüten und zerkleinerte Blätter mit einer Tasse kochendem Wasser, lassen es 10 Minuten ziehen, seihen dann ab und trinken den Tee in kleinen Schlucken. Da sich Muskateller-Salbei, wie alle anderen Salbeiarten auch, gut trocknen lässt, kann man sich auch einen Teevorrat an getrockneten Blüten und Blättern anlegen.

Die kleinen kräftig roten Blüten vom Ananas-Salbei peppen Salate und Süßspeisen auf, die Blätter ergeben einen herrlich aromatischen und erfrischenden Tee. Bestens auch als Eistee zu verwenden.

FRUCHTSORTEN

Viele der fruchtigen Salbeiarten und -sorten stammen aus Süd- und Mittelamerika. Sie sind daher bei uns nicht frostfest. Doch das Problem lässt sich einfach lösen, wenn die Pflanzen in Töpfe gesetzt und den Sommer im Garten oder auf dem Balkon verbringen und im Winter an einen kühlen, hellen Platz im Haus oder im Gewächshaus kommen. Ein Rückschnitt im Frühjahr regt die Verzweigung an.

SALTIMBOCCA ALLA ROMANA

4	Kalbsschnitzel
4	Scheiben Parmaschinken
4	Salbeiblätter
	Salz, Pfeffer
	Butter oder Pflanzenöl zum Anbraten

SALTIMBOCCA, DAS HEISST ÜBERSETZT IN ETWA: SPRING IN DEN MUND! BEI DIESEM GAUMENSCHMAUS IST DER NAME PROGRAMM.

1
Die Schnitzel mit dem Schinken und dem Salbei belegen und mit einem Zahnstocher fixieren.

2
In Butter oder Pflanzenöl von beiden Seiten goldbraun braten, aus der Pfanne nehmen, mit Salz und Pfeffer würzen.

3
Dazu schmecken Nudeln oder Weißbrot. Eine Soße können Sie aus dem Bratensatz in der Pfanne, abgelöscht mit Wein oder Sahne, zubereiten.

Sie können aber auch jedes Jahr im Herbst *Stecklinge schneiden* AUF SEITE 77 und diese im Frühjahr nach den Eisheiligen auspflanzen. Vielleicht ist das sowieso die bessere Wahl, denn Ananas-Salbei entwickelt sich zu einem stattlichen Strauch und für den ist im Haus nicht immer Platz. Wer einmal Ananas-Salbei gekostet hat, möchte den weichen milden Geschmack nach Ananas nicht mehr missen. Die Pflanze ist anspruchslos, an sonnigen bis halbschattigen, warmen Plätzen mit guter Wasserversorgung wird das Aroma besonders intensiv.

Ebenso interessant ist auch der Frucht-Salbei, der ein bisschen wie eine Zimmerlinde aussieht, mit seinen weich behaarten herzförmigen Blättern. Mit heilenden Inhaltsstoffen können die fruchtigen Salbeiarten und -sorten meistens nicht aufwarten, das ist beim Frucht-Salbei nicht anders. Dafür ist er als Würz- und Teekraut unschlagbar.

Besonders attraktiv ist der Peruanische Salbei, dessen Blätter auf der Oberseite einen grünen Glanz aufweisen und auf der Unterseite weich behaart sind. So entsteht ein harmonischer Kontrast zu den beinahe schwarzen Blüten. Im Gegensatz zu Ananas- und Frucht-Salbei bevorzugt der Peruanische Salbei sonnige und trockene Böden und verträgt sogar einige Minustemperaturen.

Unerwähnt bleiben soll zu guter Letzt nicht der Marzipan-Salbei (*Salvia officinalis* 'Nazareth'), der mit einer Wuchshöhe von 50 cm zu den kleineren Sorten zählt. Sein Duft nach Marzipan, Mandeln und Rosenwasser ist umwerfend, das harzige Aroma macht ihn aber nicht nur für süße, sondern auch für deftige Speisen interessant. In einer Pfanne mit Olivenöl angebraten schmeckt er zu Nudeln einfach wunderbar.

Wer noch nicht genug hat vom Salbei, kann auch den Zwerg-Salbei, der sich für Töpfe und Kübel sehr gut eignet, den Räucher-Salbei, den Honigmelonen-Salbei und den Schopf-Salbei und noch viele weitere Vertreter ausprobieren.

DER SCHNITTLAUCH

DIE GRÜNEN LÄNGLICHEN RÖHREN KENNT SICHER JEDES KIND. SCHNITTLAUCH (*ALLIUM SCHOENOPRASUM*) WIRD WIE PETERSILIE IN JEDEM SUPERMARKT ALS TOPFWARE, IM BUND ODER GEFRIERGETROCKNET ANGEBOTEN.

Karl der Große hat ihn in seiner Landgüterverordnung aufgeführt, seitdem ist er in beinahe jedem Nutzgarten, auf dem Balkon und dem Fensterbrett vertreten. Der alte Spruch „Schnittlauch passt zu allem außer zu Grießbrei" sagt einiges aus über seine breiten Einsatzmöglichkeiten in der Küche.

Seine Verwandtschaft mit Lauch und Zwiebel kann der Schnittlauch nicht verleugnen. Er zählt zu den zwiebelartigen Kräutern und enthält ätherisches Öl mit einem hohen Anteil an Schwefelverbindungen, die aber erst freigesetzt werden, wenn der Schnittlauch geschnitten wird.

Es wird vermutet, dass sich das Kraut von Zentralasien über Europa ausgebreitet hat, ganz genau kann man das aber nicht mehr nachvollziehen.

Ein Heilkraut ist der Schnittlauch nicht wirklich, enthält aber viel Vitamin C und das ist ja bekanntlich sehr gut für die Gesundheit.

AB IN DEN GARTEN UND AUF DEN BALKON

Im Garten fühlt sich Schnittlauch an einem sonnigen, nährstoffreichen Standort wohl, der gut mit Feuchtigkeit versorgt sein sollte. Aussaat ist ebenso möglich wie die Pflanzung, aber zuvor müssen Sie erst einmal eine Sorte auswählen. Da gibt es beispielsweise 'Miro', eine feinröhrige Sore mit mildem Geschmack, die sich sehr gut einfrieren lässt, oder 'Middleman', ein eher grobröhriger Schnittlauch.

Empfehlenswert sind auch 'Grolau' mit breiten aromatischen Halmen und 'Elbe', eine weiß blühende Sorte. Eine größere Auswahl an Sorten gibt es auf jeden Fall beim Saatgut, und es lohnt sich, Schnittlauch auszusäen; er wird fast immer gebraucht. Ab April können die Samen und auch Topfware in den Boden kommen. Streuen Sie die Samen in die vorbereiteten Reihen, drücken Sie sie an und bedecken alles mit etwas Erde. Wenn Schnittlauch regelmäßig etwa 2 cm über dem Boden abgeschnitten wird, wächst er sehr üppig, überhaupt ist ein kontinuierliches Ernten gut.

Schnittlauch darf auch zum Blühen kommen; die Blüten sehen sehr hübsch aus und können mitgegessen werden. In manchen Gärten wird Schnittlauch sogar als Beetumrandung verwendet. Werden Pflanzen in den Garten oder Topf gesetzt, können sie im Herbst oder Frühjahr aus dem Boden genommen und geteilt werden. Das ist für den Schnittlauch praktisch eine Verjüngungskur und beschert noch mehr Stängel zum Ernten.

VERARBEITUNGSTIPPS

Es kann nicht oft genug wiederholt werden: Schnittlauch kann man beinahe für jedes Gericht verwenden. Ob Suppe, Fleisch, Fisch oder Gemüse und als Garnierung sind die zu kleinen Röllchen geschnittenen Stängel perfekt. Zu asiatischen Gerichten werden die Stängel meist nicht geschnitten, sondern ganz verwendet. Die beste Konservierungsmethode ist das Einfrieren, denn dabei geht kaum Aroma verloren. Dazu wird Schnittlauch unter kaltem Wasser gewaschen, trocken geschüttelt und gehackt. Im Gefrierfach hält er sich 1 Jahr.

KRÄUTERQUARKBROT

Ein frisches Brot mit selbst gemachtem Kräuterquark ist eine gesunde Delikatesse, die auch Kindern gut schmeckt.

250 g	Speisequark
1 EL	gehackter Schnittlauch
1 EL	gehackte Petersilie
1 TL	Kresse
	Salz, Pfeffer
einige	Ringelblumenblüten

IM KLEINEN KRÄUTERBEET IM GARTEN ODER AUF DEM BALKON DARF SCHNITTLAUCH NICHT FEHLEN.

1
Den Quark in eine Schüssel füllen, die Kräuter zugeben und untermischen. Mit Salz und Pfeffer abschmecken.

2
Den Kräuterquark mit den Ringelblumenblüten garnieren und frisches Brot dazu servieren.

DIE TAGETES

TAGETES ODER STUDENTENBLUMEN SIND NOCH AUS GROSSMUTTERS ZEITEN BEKANNT UND OBWOHL ES HEUTZUTAGE SCHÖNE NEUE SORTEN GIBT, HAFTET DER TAGETES DOCH NOCH EIN ETWAS „VERSTAUBTES“ IMAGE AN.

Mit der Gewürz-Tagetes (*Tagetes tenuifolia*) kommt allerdings etwas Besonderes ins Spiel, das die reinen Zierpflanzen nicht bieten können: Blätter und Blüten sind essbar und bringen in Süßspeisen oder Salate ein wunderbar würziges Aroma nach Mandarinenschalen und kandierten Zitrusfrüchten.

Die zweifache Nutzung der kleinen einjährigen Gewürzpflanze und einiger anderer essbarer Tagetes macht ihren Wert aus, denn sie blüht unermüdlich und ist eine echte Zierde für jedes Kräuterbeet und natürlich auch für die Balkon- und Terrassenbepflanzung.

Saatgut von *Tagetes tenuifolia* findet man in Gärtnereien und Gartencentern auch unter dem Begriff Schmalblättrige Tagetes. Ein Blick auf die zarten schmalen Blätter bestätigt den Namen. Verschiedene andere Arten und auch Sorten gibt es nicht überall im Handel, bei speziellen Kräutergärtnereien kann man aber über das Internet Saatgut beziehen.

Die Zierpflanze Tagetes ist im Garten ein Magnet für Schnecken und wird sogar in sogenannten lebenden Schneckenzäunen gerne integriert. Die aromatischen Gewürz-Tagetes dagegen verschmähen Schnecken meistens, und das ist ein weiterer großer Vorteil der duftenden Art.

STUDENTENBLUME ALIAS WINTER-ESTRAGON

Von der Studentenblume gibt es noch einige Arten, die essbar sind. Eine davon ist *Tagetes lucida*, die auch Winter-Estragon genannt wird und einen intensiven frisch-herben Geschmack nach Estragon aufweist. Für Fischsuppen und Hähnchengerichte ist das Kraut besonders gut geeignet, in Kräutertees entfaltet es seinen anisartigen Duft.

Winter-Estragon-Sämlinge sollten unbedingt vereinzelt werden, damit sie sich gut entwickeln können. Die Pflanzen werden 40–80 cm hoch und wachsen schön buschig.

LAKRITZ-TAGETES

Auch die Art *Tagetes filifolia* ist einen Versuch im Kräuterbeet wert, zumal sie eine echte Pflanzenrarität ist und für Lakritz-Liebhaber eigentlich ein Muss, denn an dem ausgeprägten Lakritzaroma kommt man nicht so schnell vorbei. Wer Freude an ausgefallenen Gerichten hat, für den ist das einjährige Kraut bestens geeignet, z. B. um einen *Lakritzessig* herzustellen AUF SEITE 73 oder die Blüten in Weißwein einzulegen. Zum Eis serviert sind sie ein echter Genuss.

Die Tagetes wird etwa 20–40 cm hoch und entwickelt zartes, dillartiges Laub, das genauso wie die Blüten verspeist werden kann.

LEBENDER SCHNECKENZAUN

Es gibt verschiedene Pflanzen, vor allem Kräuter, die durch ihren besonderen Duft und ihre Inhaltsstoffe Schnecken abschrecken. Bei der Gewürz-Tagetes ist das der Fall, aber auch z. B. bei Kapuzinerkresse, Ringelblume und Kresse, bei Brennnessel, Estragon, Kerbel und Knoblauch. Werden die Schnecken abwehrenden Pflanzen rund um Beete gesät oder gepflanzt, die mit „Schnecken-Leckerlis" wie Salat, Rote Bete und Co. bestückt sind, dann bleiben die schleimigen Gartengesellen meist fern. Auch ein Mulch aus den Pflanzen, eine selbst gemachte Jauche oder ein Tee ist zur Abschreckung geeignet. Schnecken wirklich völlig fernzuhalten, ist kaum möglich, ein lebender Schneckenzaun ist ökologisch gesehen aber eine wirklich gute Maßnahme, die Tiere in Schach zu halten.

AB IN DEN GARTEN UND AUF DEN BALKON

Alle essbaren Tagetesarten sind einjährig und werden ab Mitte April bis in den Mai hinein in Beete oder Kübel ausgesät. Ein warmer, halbschattiger Standort und mittelschwerer, nicht zu nährstoffreicher Boden bieten ideale Bedingungen für ein üppiges Wachstum. Breitflächig ausgesät und mit dem Rechen ins Beet eingeharkt können sich ganze Blütenteppiche bilden, die in leuchtendem Gelb bis Orange und Rot ab Juni alle Blicke auf sich ziehen. Aber auch als Tupfen zwischen anderen Kräutern machen sie sich sehr gut. Wollen Sie die Gewürz-Tagetes früher genießen, können Sie Saatgut ab Januar oder Februar in Schalen mit Anzuchterde aussäen. Nach ein bis zwei Wochen erscheinen die Sämlinge, die dann *pikiert* AUF SEITE 57 und ab Mai ausgepflanzt werden können. Die ersten Blüten erscheinen auf diese Weise schon im Mai. Sie können unter verschiedenen Sorten auswählen, z. B. 'Orange Gem', 'Sunset', 'Lemon Gem' und 'Red Gem'.

Tagetes können monatlich eine Flüssigdüngergabe gut vertragen oder aber Sie versorgen sie mit einem Depotdünger, der in den Boden eingearbeitet wird und die Nährstoffe nach und nach an die Pflanzen abgibt. Eine Überdüngung ist damit praktisch unmöglich. Verabreichen Sie den Dünger für Kräuterpflanzen genauso, wie auf der Packungsangabe beschrieben. Ab Juni kann geerntet werden und zwar bis in den Oktober hinein, zuerst nur die zarten Blätter, ab August dann auch die Blüten.

Sieht sie nicht zum Anbeißen aus, die Gewürz-Tagetes mit dem schönen Sortennamen 'Paprika'? In jedes Beet, ob Kräuter, Gemüse oder Zierpflanzen, bringt sie einen erfrischenden Farbtupfer.

VERARBEITUNGSTIPPS

Meistens ist an Blättern und Blüten bei Gewürz-Tagetes kein Mangel und man kann beim Pflücken aus dem Vollen schöpfen. Was an Erntegut nicht frisch verbraucht wird, können Sie trocknen oder einfrieren, dann haben Sie auch im Winter einen kleinen Vorrat. Zum Einlegen in Essig, in Öl oder zu eingemachten Gurken können die Blätter und Blüten ebenfalls dienen.

DER THYMIAN

WÜRZ- UND HEILKRAUT GLEICHERMASSEN, DAS KANN MAN GETROST ÜBER DEN ECHTEN THYMIAN (*THYMUS VULGARIS*) SAGEN, DESSEN DUFT SO INTENSIV WIE MARKANT IST, GANZ ZU SCHWEIGEN VOM HERBEN, ETWAS ERDIGEN GESCHMACK.

Einmal im Garten oder Topf gepflanzt wird er am passenden Standort einige Jahre Blätter und Blüten liefern, die bestens zu Fleischgerichten und deftigen Speisen passen und sie verträglicher machen. Neben dem einzigartigen Aroma sind es auch seine Heilkräfte, die ihn so wertvoll machen. Ein Tee aus dem blühenden Kraut ist einfach und schnell hergestellt und löst durch das enthaltene ätherische Öl mit den Hauptbestandteilen Thymol und Carvacrol festsitzenden Husten. Bei Erkältungskrankheiten ist Thymian also das Mittel der Wahl, bekämpft aber auch ganz allgemein Krankheitserreger und hemmt Entzündungsprozesse. Gerade beim Thymian ist der Gehalt an wertvollen Inhaltsstoffen allerdings sehr abhängig vom Standort und der Sorte. Da ist ausprobieren angesagt, um herauszufinden, welche Sorte im eigenen Garten den intensivsten Duft entwickelt und somit viele Wirkstoffe enthält.

Südeuropa ist die Heimat des Thymians, wo er an Berghängen und auf sogenannten Felsheiden, also an sehr trockenen Standorten wächst. Wahrscheinlich wurde der Thymian von den Römern nach Nordeuropa gebracht und kommt seitdem auch bei uns wild vor. Als Quendel wird er oft bezeichnet. Bekannt ist der Sand-Thymian (*Thymus serpyllum*) und Feld-Thymian (*Thymus pulegioides*), im Hausgarten wird vor allem der Echte oder Garten-Thymian und der Zitronen-Thymian (*Thymus × citriodorus*) angebaut. Empfehlenswert ist auch der Kaskaden-Thymian (*Thymus longicaulis* subsp. *odoratus*), der auch als Langstängel-Thymian bekannt ist. Er wächst schnell, bildet lange Triebe und hat ein gutes Aroma.

Dass Thymian bakterizide und fungizide Wirkung hat, wusste man schon im Alten Ägypten und konservierte Mumien mit dem Kraut. Im antiken Rom war Thymianhonig sehr beliebt, mit dem Süßspeisen und Wein zubereitet wurden. Einen solchen Honig kann man auch heute noch selbst herstellen. Dem Thymian wurden im Mittelalter außerdem Zauberkräfte zugesprochen, er war als Räucherpflanze begehrt und galt als Aphrodisiakum.

AB IN DEN GARTEN UND AUF DEN BALKON

Thymian liebt Trockenheit, deshalb ist er im Steingarten, in der oberen Zone der Kräuterspirale und auch sonst auf allen sonnigen, warmen und trockenen Standorten gut aufgehoben, die nicht viele Nährstoffe enthalten. Ist im Garten der Boden eher feucht und dicht, kann man Sand oder groben Kies unter die Erde mischen, bevor er eingepflanzt wird. Und das geht genauso, wenn Thymian im Topf kultiviert wird. Kräutererde ist an sich schon recht nährstoffarm, kann für den Thymian aber noch mit Sand vermischt werden. Pflanzgefäße sollten nicht zu klein ausgewählt werden, denn Thymian bildet eine etwa 20 cm lange Pfahlwurzel, und die braucht Platz.

Gießen müssen Sie Thymian höchstens beim Einpflanzen und wenn es lange Zeit nicht geregnet hat. Für Menschen, die häufiger unterwegs sind, ist Thymian genau das richtige Kraut, das auch bei minimaler Pflege gedeiht. Als Halbstrauch neigt Thymian allerdings im unteren Bereich zum Verkahlen, um das zu verhindern, ist es gut, wenn Abgeblühtes und abgestorbene Zweige sorgfältig herausgeschnitten werden. Beim Rückschnitt können Sie dann auch *Stecklinge* AUF SEITE 77 für die Vermehrung abnehmen.

VERARBEITUNGSTIPPS

Thymian ist geradezu prädestiniert für das Trocknen, denn sein Aroma und Geschmack steigert sich durch diese Haltbarmachungsmethode noch erheblich. Für die Küche werden die Zweige vor der Blüte geschnitten, sollen Heilkräutertees oder auch Thymianhonig zubereitet werden, ist es effektiver, die blühenden Triebe zu verwerten. Die Blätter und gegebenenfalls Blüten werden von den Zweigen abgestreift und bei höchstens 35 Grad im Dörrapparat getrocknet oder an einem warmen sonnigen Platz auf einem Tablett oder in einem kleinen Kistchen. Frisch können Zweiglein des Krautes zum Kochen beigegeben und vor dem Servieren wieder herausgenommen werden.

DUFT ZUM GENIESSEN

Kräuterdüfte machen froh, beruhigen, entspannen – man kann gar nicht genug davon bekommen. Ein besonderer Genuss, ist ein Dufthochbeet, das an der Terrasse, am Sitzplatz im Garten oder vielleicht auch auf dem Balkon angelegt wird. Duftende Kräuter wie Thymian, Lavendel, Zitronenverbene, Zitronen-Melisse und Bohnenkraut passen dort hinein und an warmem Tagen erfüllt der Duft die Umgebung.

Zwischen Trittplatten und Mauersteinen, an eher kargen Stellen, fühlt sich vor allem der Sand-Thymian wohl. Er ist begehbar, wie einen Rasen dürfen Sie ihn aber nicht benutzen.

DAS ZITRONENGRAS

SEHR EXOTISCH MUTET NOCH IMMER ZITRONENGRAS AN, DAS IN UNSEREN BREITEN VOR ALLEM VON FANS DER ASIATISCHEN KÜCHE VERWENDET WIRD. SUPERMÄRKTE BIETEN STÄNGEL DAVON BÜNDELWEISE AN, DOCH ES GEDEIHT AUCH SEHR GUT AUF DEM BALKON ODER IN DER „ZIMMERGÄRTNEREI".

In Indien, Indonesien und Sri Lanka sind viele Zitronengräser beheimatet, das bei uns vor allem verwendete Westindische Zitronengras (*Cymbopogon citratus*) stammt aber aller Wahrscheinlichkeit nach aus Malaysia. Auch wenn der Name darauf hindeutet, so hat das Zitronengras doch überhaupt nichts mit Zitronen zu tun, sondern gehört der Gräserfamilie an. In asiatischen Ländern ist das Gras fester Bestandteil beim Kochen, es schmeckt säuerlich, kräftig und zitronig und das kommt vom enthaltenen ätherischen Öl Citral, das u. a. auch in der Zitronen-Melisse enthalten ist.

AB IN DEN GARTEN UND AUF DEN BALKON

Für den Anbau im Garten ist Zitronengras eigentlich nicht geeignet. In seiner Heimat ist es tropische, warme Verhältnisse gewöhnt, die höchstens im Sommer in Weinbauregionen herrschen. Spätestens im Herbst muss das Gras ins Haus geholt werden, weil es Kälte gar nicht mag. In Gefäßen an einem warmen, sonnigen und geschützten Platz kann es dagegen gut den Sommer verbringen und bei sinkenden Temperaturen reingeholt werden. Oder aber Sie kultivieren es gleich im Haus, denn das gelingt auch gut. Bei 20 – 22 Grad Wärme, genügend Licht und einer einigermaßen hohen Luftfeuchtigkeit wird es sich gut entwickeln, auch im Winter.

Sie bekommen Zitronengras in gut sortierten Gärtnereien und können es ab Mai in größere Töpfe pflanzen und nach draußen bringen. Wenn das Substrat aus Blumenerde gemischt mit Sand besteht, ist das optimal für die Pflanze. Als Dränageschicht im Topf eignet sich

ZITRONENGRAS-EISTEE

Viele Gerichte können mit Zitronengras aromatisiert werden. Für 1 Glas Eistee brauchen Sie:

2 Stangen	Zitronengras
1 Scheibe	Ingwer
500 ml	warmer schwarzer Tee
etwas	Agavendicksaft
einige	Blüteneiswürfel

EIN ERFRISCHENDER EISTEE GELINGT IHNEN BLITZSCHNELL.

1

Die äußere Schicht vom Zitronengras entfernen. Übrige Stängel mit dem Messerrücken etwas weich klopfen. Den Ingwer schälen und klein schneiden.

2

Zitronengras und Ingwer in den warmen Tee geben, das Glas abdecken und so lange ziehen lassen, bis er abgekühlt ist.

3

Zitronengras und Ingwer entfernen und den Tee mit Agavendicksaft nach Belieben süßen. Mit Blüteneiswürfeln servieren.

Kies oder Blähton. Die Schicht verhindert Staunässe und dagegen ist Zitronengras ziemlich „allergisch". Gegossen wird dann, wenn die oberste Bodenschicht abgetrocknet, aber die Erde noch nicht komplett ausgetrocknet ist. Richtig gut wird sich das Gras entwickeln, wenn Sie es monatlich mit Grünpflanzendünger versorgen. Die Packungsangaben informieren über die Dosierung.

Das Zitronengras kann bis zu 140 cm hoch und recht ausladend werden. Wenn sich bei Ihnen die Pflanze so prächtig entwickelt, sollte sie hin und wieder geteilt werden. Und wenn es für ein zweites Prachtexemplar keinen Platz mehr gibt, freut sich bestimmt die Nachbarin oder eine Freundin darüber.

VERARBEITUNGSTIPPS

Zitronengras wird am besten frisch gebraucht und junge zarte Blätter sollten es sein. Das Gras wird nämlich leicht strohig und schmeckt dann nicht mehr so gut. Man schneidet die Pflanzenstängel oberhalb der Wurzel ab und entfernt alles Strohige, das nicht verwertbar ist. Die äußeren Schichten werden entfernt und das weiße Innere in Scheiben geschnitten, gehackt oder im Mörser zerstoßen. Wollen Sie einzelne Stängel ganz mitkochen, dann klopfen Sie sie mit dem Messerrücken etwas weich, damit sich das Aroma gut entfaltet. Vor dem Servieren nehmen Sie die Stängel dann wieder heraus. Beim Schneiden kann man mit so manchen Messern übrigens verzweifeln, denn die Zitronengasstängel können zäh sein, es klappt aber gut mit einem Hack- oder Sägemesser. Beim Zitronengras kann man ruhig etwas mehr verwenden, denn im Gegensatz zu anderen Kräutern ist das Aroma nicht so aufdringlich, die leichte Zitronennote unterstreicht die Gerichte perfekt.

Aus der asiatischen Küche ist Zitronengras gar nicht wegzudenken und das ist nicht verwunderlich, denn das Gras harmoniert wunderbar mit Kokosmilch, Hähnchen, Chili und Erdnüssen. Besonders lecker schmeckt es in Wokgerichten.

DIE ZITRONEN-MELISSE

DAS KÖSTLICHE AROMA DER ZITRONEN-MELISSE ODER ECHTEN MELISSE (*MELISSA OFFICINALIS*) BERUHT AUF DEM ÄTHERISCHEN ÖL UND SEINEN KOMPONENTEN, DIE DEN BLÄTTERN INNEWOHNEN.

Zu vielen verschiedenen Gerichten passt die Zitronen-Melisse und ist auch als Heilpflanze schon lange bekannt – wer kennt nicht den berühmten „Klosterfrau Melissengeist", den Anfang des 17. Jahrhunderts Karmelitermönche erfanden. Genutzt wurde die Pflanze schon in der Antike, ihre Heimat ist das östliche Mittelmeergebiet. Heute ist die Zitronen-Melisse weltweit anzutreffen, von Nordamerika über Europa bis nach Asien.

Die Zitronen-Melisse erfreut aber nicht nur die Menschen. Vor allem Bienen, aber auch andere Insekten lieben die Pflanze, und sobald die nektarreichen Blüten im Sommer erscheinen, wird sie regelrecht umschwirrt. Das ist auch der Grund für ihren Namen, Melisse kommt nämlich aus dem Griechischen, das Wort melisso-phyllon bedeutet Bienenblatt, Honigblatt.

Mit 50–80 cm wird die mehrjährige Zitronen-Melisse recht hoch. Neben der Art gibt es noch einige interessante Sorten, wie z. B. 'Variegata' mit gelbbuntem Laub. Sie bleibt kleiner und wächst schön buschig. Für die Topfkultur ist sie gut geeignet. Die Blätter von 'Aurea' sind frisch hellgelb und schimmern im Sonnenlicht golden. Das ist sehr attraktiv. Wüchsiger ist die Sorte 'Citronella', die mit einem noch intensiveren Zitronenaroma aufwartet.

AB IN DEN GARTEN UND AUF DEN BALKON

Zitronen-Melisse kann ausgesät werden, da man aber meist nicht so viele Pflanzen benötigt, ist es einfacher, die gewünschte Zahl an Jungpflanzen zu kaufen. Die Voranzucht durch Samen kann im März / April stattfinden, die Keimlinge müssen dann ein- bis zweimal *pikiert* werden AUF SEITE 57. Wenn es warm genug im Garten ist, können sie dann ins Freie an Ort und Stelle kommen. An einem sonnigen bis halbschattigen Platz fühlt sich die Melisse sehr wohl, vor allem, wenn der Boden humos und tiefgründig ist.

Im Gegensatz zum Thymian oder anderen sehr anspruchslosen Kräutern, braucht die Zitronen-Melisse eine gute Nährstoffversorgung, besonders wenn sie häufig geerntet bzw. geschnitten wird. Wenn Sie Kompost zur Verfügung haben, können schon etwas davon ins Pflanzloch geben, dann regelmäßig im Frühjahr und Herbst. Aber auch ein organischer Vorratsdünger liefert nach und nach Nährstoffe, die der Pflanze dann zur Verfügung stehen.

Spezielle Kräuterdünger gibt es auch für Topfkräuter, als Erde für Melisse eignet sich eine gute Pflanzerde. Egal ob sie im Topf oder im Garten wächst, die Wasserversorgung ist wichtig, die Erde sollte nicht austrocknen.

Im Winter kann die Zitronen-Melisse im Topf auf dem Balkon bleiben, sie ist nämlich frosthart. Wenn es aber sehr kalt werden sollte, sind die Wurzeln im Topf doch gefährdet. Werden die Triebe bodennah abgeschnitten und der Topf mit Noppenfolie oder einem Jutesack umwickelt und nahe an die Hauswand gestellt, dann wird nichts passieren. Melisse im Garten, die gut eingewurzelt ist, benötigt keinen Winterschutz.

Im Herbst können Sie die Samen, die sogenannten Klausen ernten. Oft keimen sie aber sehr schlecht oder nur unter bestimmten Bedingungen, es ist also nicht ganz einfach, Zitronen-Melisse aus Samen zu vermehren. Viel besser und schneller geht das durch Teilung oder über Stecklinge.

VERARBEITUNGSTIPPS

Kurz vor der Blüte sind am meisten Inhaltsstoffe in den Melisseblättern enthalten. Zur Bevorratung werden sie jetzt gepflückt und einzeln auf einem Tablett an einem warmen Ort oder im Dörrapparat getrocknet. Für die Teezubereitung sind frische und getrocknete Blätter gleichermaßen gut geeignet. Die Blätter können aber auch eingefroren werden und in Sommercocktails einen guten Geschmack bringen.

Frisch ist die Melisse jedoch am aromatischsten. Sie darf aber nicht mitgekocht werden. Zu Süßspeisen aller Art schmeckt sie herrlich.

In Bauern- und Naturgärten wird die Zitronen-Melisse als Würz- und Heilpflanze seit jeher angepflanzt. Aber nicht nur bei den Menschen, sondern auch bei Schmetterlingen und Bienen ist das Kraut äußerst beliebt.

DIE ZITRONENVERBENE

UNTER DEN ERFRISCHEND NACH ZITRONE DUFTENDEN KRÄUTERN IST DIE ZITRONENVERBENE (*ALOYSIA CITRODORA*) UNSCHLAGBAR DAS ABSOLUTE HIGHLIGHT.

Zerreibt man nur ein Blättchen zwischen den Fingern, kann man beinahe das ätherische Öl auf der Haut spüren. Der Kleinstrauch, der auch häufig als Zitronenstrauch bezeichnet wird, gehört in die Familie der Eisenkrautgewächse, der Verbenaceae und kam Ende des 18. Jahrhunderts aus Südamerika nach Europa. In Mittelmeerländern gedeiht die mehrjährige Zitronenverbene prächtig in Parks und Gärten, bei uns ist es ihr zu kalt, im Freien übersteht sie den Winter nicht. Im Topf kultiviert kann sie die kalte Jahreszeit im Haus verbringen und wenn das nicht so gut klappt, haben Sie immer noch die Möglichkeit, mit Stecklingen beziehungsweise Steckhölzern für den jährlichen Zitronenverbene-Nachschub zu sorgen.

Als Küchen- und Duftkraut ist die Zitronenverbene einigermaßen bekannt, ganz nebenbei hat sie aber auch noch heilkräftige Wirkung. Traditionell hilft sie bei Verstopfungen, Nervosität und Schlaflosigkeit.

In England wird der duftende Strauch Lemon Beebush, zu Deutsch Zitronen-Bienenstrauch, genannt. Bienen und andere Insekten fliegen auf den Duft und besuchen die Blüten, die allerdings recht unscheinbar und klein sind.

AB IN DEN GARTEN UND AUF DEN BALKON

In mildem Klima, wo die Temperaturen nicht unter –4 Grad fallen, wird die Zitronenverbene bis zu 2,50 m hoch, im Topf kultiviert bleibt sie kleiner und erreicht maximal eine Höhe von 1,50 m. Sie bekommen in gut sortierten Gärtnereien, in Versandgärtnereien und manchmal auch in Gartencentern Jungpflanzen, die ab Mai an einem sonnigen Platz gut gedeihen. Nach dem Kauf der Pflanze topfen Sie sie am besten gleich in ein ausreichend großes Gefäß, und weil die Zitronenverbene für ihr Wachstum Nährstoffe braucht, können Sie schon bei der Pflanzung in gute Kübelpflanzenerde einen

STECKLINGE SCHNEIDEN

Nicht immer ist eine Überwinterung von Zitronenverbene mit Erfolg gekrönt, manch einem gelingt sie nie.

SIE KÖNNEN DIE PFLANZE JEDES JAHR AUFS NEUE ÜBER STECKLINGE BZW. STECKHÖLZER VERMEHREN.

Langzeitdünger nach Packungsangaben einarbeiten. Jetzt ist es nur noch wichtig, dass die Erde nicht völlig austrocknet, ansonsten ist die Zitronenverbene sehr pflegeleicht. Sie kann sogar ganzjährig im Wintergarten oder auf der Fensterbank gezogen werden. Das Aroma ist dann etwas schwächer, aber immer noch umwerfend.
Wird es draußen kalt, kommen die Töpfe ins Haus. Die Triebe werden auf ein Drittel eingekürzt und der Strauch an einem hellen warmen Platz aufgestellt. Jetzt wird es etwas heikel, denn das rechte Maß beim Gießen ist nicht einfach zu finden und häufig finden sich bei dieser Art der Überwinterung Schädlinge wie die Weiße Fliege oder Spinnmilben ein. Man muss ausprobieren, ob diese Überwinterungsmethode funktioniert. Auch der dunkle kühle Keller kann als Überwinterungsquartier dienen. In diesem Fall wird der Strauch seine Blätter abwerfen, muss aber auch sporadisch gegossen werden. Ab Mai können die Pflanzen wieder ins Freie, werden gedüngt und gegossen und hoffentlich bald Blätter austreiben.

VERARBEITUNGSTIPPS

Zum Einfrieren ist Zitronenverbene nicht geeignet, die Blätter lassen sich aber wunderbar trocknen und verlieren dadurch nur wenig an Aroma. Zupfen Sie regelmäßig Blätter zum Trocknen und für die frische Verwendung ab, und damit bis in den Herbst hinein geerntet werden kann, sollten die Blütentriebe immer wieder abgeknipst werden. Für einen Tee werden lediglich einige frische oder getrocknete Blättchen mit heißem Wasser übergossen. Nach 10 Minuten werden die Blätter entfernt und der Tee kann getrunken werden. Oder es wird ein etwas höher konzentrierter Aufguss ins Badewasser gegeben. Zitronenverbene passt aber auch sehr gut zu Schweinefleisch, Salaten, Pilzgerichten und Süßspeisen.

DIE ZWIEBEL

GEMÜSE-, WÜRZ- UND HEILKRAUT – DIE ZWIEBEL (*ALLIUM CEPA*) IST EIN ALLROUNDTALENT UND DARF DESHALB NICHT UNTERWÄHNT BLEIBEN.

Sie würzt beinahe jedes deftige Gericht, schmeckt angebraten zu Bratkartoffeln und roh zum Kartoffelsalat und zu Fisch, mit Zwiebelsäckchen und Zwiebelsirup werden Erkältungskrankheiten bekämpft – kurzum kann man Zwiebeln immer gebrauchen und deshalb sind sie beinahe in jedem Haushalt vorrätig. Dass die Zwiebel als eine der ältesten Kulturpflanzen überhaupt gilt, ist dabei kaum jemandem bewusst. Immerhin gibt es Belege, dass sie bereits 3000 Jahre v. Chr. für die Küche und zu Heilzwecken verwendet wurde.

Stauden sind im Nutzgarten selten. Die meisten Gemüse werden einjährig angebaut und müssen jedes Jahr aufs Neue gesät werden. Bei der Winterheckzwiebel, die als Kraut und Gemüse durchgeht, ist das anders. Die Staude ist deshalb für vielbeschäftigte Gartenfreunde genau das Richtige.

Im Supermarkt bekommt man heute rote und gelbe Zwiebeln, Lauch- und Frühlings-Zwiebeln, da ist das Angebot überschaubar. Dabei gibt es viele interessante Sorten, mal scharf, mal weniger scharf, in verschiedenen Größen, außerdem noch alte in Vergessenheit geratene Zwiebelarten, wie die Luft- und Etagen-Zwiebel und die Winterheck-Zwiebel, die nicht nur experimentierfreudigen Kräutergärtnerinnen und Kräutergärtnern gefallen.

DIE WINTERHECK-ZWIEBEL

Wahrscheinlich ist *Allium fistulosum*, die Winterheckzwiebel von China über Russland zu uns gekommen und wurde dann ab dem Mittelalter in Klostergärten und später auch in Bauerngärten angebaut. Die Zwiebelart bildet dichte Stöcke mit röhrenartigen Blättern, die sehr früh im Jahr austreiben und hat gegenüber Zwiebel, Lauch, Knoblauch und anderen lauchartigen Gewächsen einen großen Vorteil: Sie ist mehrjährig. Einmal im Garten angesiedelt können die Röhren ganzjährig geerntet werden. Alles sollten Sie aber nicht abschneiden, denn einige Röhren braucht die Pflanze, um sich zu regenerieren. Sie schmecken mild nach Lauch und können für Suppen, Salate, Quark und viele Gerichte verwendet werden. Ein weiterer Pluspunkt der Winterheck-Zwiebeln sind die Blüten, die vor allem bei Hummeln sehr beliebt sind. Werden einige Blütenstände bis zur Reife stehen gelassen, können Sie das Saatgut ernten und neu aussäen oder aber an liebe Menschen verschenken. Saatgut bekommt man bei Gesellschaften und Initiativen, die sich um zu erhaltende alte Arten und Sorten bemühen und bei einigen spezialisierten Saatgutanbietern. Von März bis April kommt es in die Erde. Ein sonniger Platz auf lockerem nährstoffreichem Boden ist ideal. Der Abstand zwischen den Reihen sollte etwa 25 cm betragen, in den Reihen benötigen die Pflanzen um sich herum mindestens 20 cm Platz, denn sie entwickeln sich zu üppigen Horsten. Allzu viele Pflanzen werden deshalb gar nicht benötigt. Nach der Aussaat werden die Keimlinge schon bald aus der Erde spitzen, bis Winterheckzwiebeln dann genutzt werden können, vergehen aber einige Monate.

Nach etwa vier Jahren sind die Pflanzen erschöpft und bekommen eine Verjüngungskur. Graben Sie sie aus und teilen Sie mit dem Spaten. An anderer Stelle platziert, wachsen sie frisch und gesund weiter.

Für den Topfgarten sind Winterheck-Zwiebeln auch gut geeignet, allerdings reicht bei dem recht ausladenden Wuchs eine Pflanze pro Topf. Wie im Garten sollte das Topfsubstrat nährstoffreich und locker sein; eine gute Pflanzerde erfüllt sicher diese Eigenschaften.

DIE ETAGEN-ZWIEBEL

Eine ebenso kuriose wie attraktive Schöpfung der Natur ist die Etagen- oder Luft-Zwiebel (*Allium × proliferum*). Es ist gut möglich, dass eine spontane Kreuzung aus Küchen- und Winterheck-Zwiebel zu dieser interessanten Art geführt hat.

Viele haselnussgroße Zwiebeln bilden sich nicht unterirdisch, sondern an der Spitze der lauchartig hohlen Stängel. Sie bilden wieder Laub und bringen in Etagen wieder kleine Zwiebeln hervor.

Steckzwiebeln können Sie über den Fachhandel beziehen, sie kommen im Frühjahr im Abstand von 50 cm in gute Gartenerde. Ein sandiger Boden sagt ihnen nicht zu, vor allem auch, weil die Etagen-Zwiebeln ein relativ hohes Wasserbedürfnis haben. Wenn sich die Etagen-Zwiebel wohl fühlt, dann wird sie bis zu 1 m hoch und ziemlich breit, sie kann aber trotzdem in Kübeln kultiviert werden.

Es ist zwar ein bisschen mühsam, die kleinen Zwiebeln zu schälen, sie schmecken aber sehr intensiv und sind eine echte Bereicherung für die Küche. Natürlich können Sie auch die hohlen Stängel verwerten, aber nicht zu viele davon, damit die Pflanze nicht geschwächt wird.

Sehen sie nicht sehr skurril aus, die Etagenzwiebeln? Sie sind für Liebhaber gedacht, die Gemüse auch wegen ihres besonderen Charakters anbauen und die Arten bzw. Sorten erhalten wollen.

AB IN DEN GARTEN UND AUF DEN BALKON

Humose Böden und ein sonniger Standort sind für Zwiebeln ideal, auf sandigen Böden bleiben sie dagegen eher klein. Wundern Sie sich außerdem nicht, wenn die Zwiebeln sich in kühlen feuchten Sommern nicht gut entwickeln; diese Witterung sagt ihnen nämlich gar nicht zu. Es gibt Sommer- und Winter-Zwiebeln, Salat- und Gemüse-Zwiebeln, Lauch-, Perl- und Silber-Zwiebeln in vielen unterschiedlichen Sorten. Als zwiebelartige Kräuter werden vor allem Salat- und Lauch-Zwiebeln angesehen. Im Garten und Topfgarten gibt es zwei Möglichkeiten Zwiebeln zu kultivieren, entweder Sie säen sie aus oder Sie stecken Steckzwiebeln.

Im März wird das Saatgut in flache Rillen dünn verteilt, drei Wochen später werden sich die ersten Blättchen über der Erde entfalten, und wenn die Pflanzen zu dicht stehen, muss vereinzelt werden, das heißt man zieht einzelne Pflanzen heraus, sodass nur noch alle 4 cm eine Zwiebel steht.

Wenn Zwiebeln im Haus sind, dann kann eigentlich nichts schief gehen. Sie taugen als Gemüse, zum Würzen und als Heilpflanze, außerdem sind sie sehr gut lagerfähig. Das sind genügend gute Gründe, um sie anzubauen, oder?

GESUNDMACHER ZWIEBEL

BEI HUSTEN

ist ein Zwiebelsirup äußerst wohltuend, das enthaltene Vitamin C stärkt außerdem das Immunsystem. Eine große Zwiebel häuten und würfeln, mit 2–3 Esslöffeln Zucker oder Kandis vermischen und zugedeckt 2 Stunden ruhen lassen. Es bildet sich ein Saft, der teelöffelweise stündlich eingenommen werden kann.

GEGEN OHRENSCHMERZEN

hilft ein Zwiebelsäckchen: Dazu eine kleine Zwiebel schälen, hacken und in einer beschichteten Pfanne ohne Fett erhitzen. Die lauwarmen Zwiebelstückchen kommen nun in ein Tuch oder Taschentuch aus Baumwolle oder Leinen, die Enden zusammenknoten. Dieses warme Zwiebelsäckchen wird bis zum Erkalten auf das betroffene Ohr gelegt und hilft, die Entzündung zu mildern.

LIEBE IST WIE ZWIEBELN SCHÄLEN: ERST DENKT MAN: „GEHT SCHON", UND DANN SITZT MAN IN DER KÜCHE UND HEULT.

Bei Steckzwiebeln handelt es sich um kleine Zwiebeln, die es in jedem Gartencenter in verschiedenen Sorten gibt. Sie werden ab März im Abstand von 4 cm die Erde gesteckt und dabei sollte das obere Drittel der kleinen Zwiebeln über der Erde stehen, und das gilt auch, wenn die Zwiebeln im Balkonkasten gezogen werden, das funktioniert nämlich ebenfalls sehr gut.

Die Ernte von Säzwiebeln beginnt ab August und geht meist bis in den September hinein, ist aber von Sorte zu Sorte oft etwas unterschiedlich. Steckzwiebeln entwickeln sich schneller und können schon ab Juli geerntet werden. Wann der richtige Zeitpunkt gekommen ist, das merken Sie am Laub. Wenn 50 % davon abgestorben ist, dann können Sie die Zwiebeln vorsichtig mit einer Grabegabel oder einer Handschaufel aus der Erde holen. Wählen Sie einen sonnigen Tag dafür aus, dann können die Zwiebeln im Garten noch etwas nachtrocknen oder sie werden an einem warmen, luftigen Platz zum Trocknen aufgehängt.

VERARBEITUNGSTIPPS

Um Zwiebeln muss man sich gar keine Sorgen machen, sie werden geerntet und wenn sie gut getrocknet sind, von losen Schalen, Wurzeln und Laub befreit. Haltbar gemacht werden müssen sie nicht, an einem luftigen Platz im Haus halten sie viele Monate.

Bei Bedarf können Zwiebeln schnell für ein leckeres Gericht geschält und geschnitten werden. Selbst gezogene Zwiebeln haben ein viel kräftigeres Aroma als gekaufte.

Nicht nur zum Würzen, sondern auch zum Heilen sind Zwiebeln sehr gut geeignet. Neben Vitaminen, Mineralstoffen und Spurenelementen ist es vor allem die Schwefelverbindung Alliciin, die durch ihre antimikrobielle und antivirale Wirkung bei vielen Krankheiten hilfreich sein kann. Die schwefelhaltigen Verbindungen, die auch im Knoblauch vorkommen, schützen Zellwände und beugen Herzinfarkt und Thrombosen vor. Für die eigene kleine Naturapotheke sind Zwiebeln vor allem bei Erkältungskrankheiten nützlich.

SERVICE

MEHR ERFAHREN, MEHR ENTDECKEN, NOCH MEHR FREUDE AM EIGENEN GARTEN

NOCH MEHR KRÄUTER

Die Kräuterwelt ist groß, da gibt es noch jede Menge neue und alte wiederentdeckte Arten und Sorten und gesunde Wildkräuter zu entdecken.

EINFACH AUSWÄHLEN UND EINPFLANZEN

NAME	NUTZUNG	ANBAU	ERNTE	VERARBEITUNG
ALANT *Inula helenium*	Heilkraut, mehrjährig, gartentauglich	Auspflanzen und durch Teilen vermehren, sonniger bis halbschattiger Platz, nährstoffreicher Boden	Oktober bis November, Wurzeln	Wurzeln für Tee, Tinktur und Badezusatz; wirkt schleimlösend bei Husten Wurzelauszug kräftigt die Haare
ANIS *Pimpinella anisum*	Würz- und Heilkraut, einjährig, balkon- und gartentauglich	Aussaat ab Juni, 15 cm Abstand in der Reihe, sonniger, warmer Standort, durchlässiger Boden	Juni bis September, junges Kraut und Samen	zum Würzen von Salaten, Gemüse, Backwaren, für Tee und Likör; Tee hilft bei Husten und Blähungen
CHILI *Capsicum frutescens, C. anuum*	Würzkraut, einjährig bis mehrjährig, balkon-tauglich	Aussaat von März bis September, halbschattiger Standort, lockerer mäßig feuchter Boden	Früchte ab Juli / August	zum Würzen von Gulasch, Suppen, in Salaten, Soßen, Salsa; sparsam dosieren
FENCHEL *Foeniculum vulgare*	Würz- und Heilkraut, für die Naturkosmetik, mehrjährig, gartentauglich	Aussaat im März und April, sonniger, nährstoffreicher Boden	August bis September, junge Triebe, Samen	zum Würzen von Fisch, Soßen, Samen für Tee, zum Backen, Hautöl, Gesichtsdampfbad
FRAUENMANTEL *Alchemilla xanthochlora*	Heilkraut, für die Naturkosmetik, mehrjährig, garten- und balkontauglich	Pflanzung im Frühjahr, feuchter, nährstoffreicher, sonniger bis halbschattiger Standort	Mai bis August, Blätter, Blüten, Triebe, Wurzel	zum Trocknen geeignet, für Tee bei Kopfschmerzen, Menstruationsbeschwerden
GUTER HEINRICH *Chenopodium bonus-henricus*	Würzkraut und Salatpflanze, mehrjährig, gartentauglich	Pflanzen und durch Wurzelstockteilung vermehren, sonniger Platz, nährstoffreicher Boden	Triebe und Blätter von April bis Juni, Blütenstände April bis Oktober	Blätter für Suppen und Salate oder als Gemüse, Blüten gedünstet
INDIANERNESSEL *Monarda didyma*	Tee- und Heilkraut, mehrjährig, balkon- und gartentauglich	Aussaat im Frühjahr möglich, besser Pflanzung, feuchter Boden, sonniger bis halbschattiger Standort	Blüten Juli bis September, frische Blätter vor der Blüte	Blätter für Tee, zum Aromatisieren von Fruchtgetränken, Tee hilft gegen Blähungen, Blüten für Obstsalate
KERBEL *Anthriscus cerefolium*	Würzkraut, für die Naturkosmetik, einjährig, garten- und balkontauglich	Aussaat von März bis September, halbschattiger Standort, lockerer mäßig feuchter Boden	Mai bis November, junge Triebe, Blätter und Blüten	zum Einfrieren geeignet, für Kräutersuppen, Kräuterbutter, Frankfurter Grüne Soße
KORIANDER *Coriandrum sativum*	Würzkraut, einjährig, balkon- und gartentauglich	Aussaat ab Ende April an sonnigem bis halbschattigen Standort	Blätter im Frühjahr und Sommer, falls Früchte gebildet werden direkt nach der Samenreife ernten	frische Blätter für Suppen, Wokgerichte, Curry, Salsa, Samen für Currymischungen, Lebkuchengewürz

NAME	NUTZUNG	ANBAU	ERNTE	VERARBEITUNG
LORBEER *Laurus nobilis*	Würzkraut, mehrjährig, balkontauglich	Pflanzung im Frühjahr, trockener, sonniger Standort, im frostfreien Raum überwintern	ganzjährig die Blätter	getrocknete Blätter würzen Gulasch, kräftige Suppen, Braten, Soßen und Eintöpfe
MÄDESÜSS *Filipendula ulmaria*	Heilkraut, aromatisiert Desserts und Getränke, mehrjährig	Pflanzung im Frühjahr auf feuchte humusreiche Böden	Mai bis September, das blühende Kraut	zum Trocknen geeignet, zum Aromatisieren von Getränken, für Tee, Duftkissen
MALVE *Malva sylvestris*	Würzkraut, Verwendung als Natur-kosmetik, mehrjährig, balkon- und gartentauglich	Aussaat ab April, später vereinzeln, sehr anspruchslos	Mai bis September, Blüten und Blätter	Blüten frisch verwenden, Blätter am besten getrocknet, Tee lindert Hustenreiz, Kompressen aus Blüten helfen bei gereizter Haut
PERILLA *Perilla frutescens*	Würz- und Heilkraut, einjährig, garten-, balkon- und zimmertauglich	Aussaat im März im Haus, Pflanzung Mitte / Ende Mai, humoser Gartenboden, sonniger, warmer Platz	Juni bis Oktober, frische Blätter	wird frisch verwendet, für Salate, Suppen, Fischgerichte
PIMPINELLE *Sanguisorba minor*	Würzkraut, mehrjährig, garten- und balkontauglich	Aussaat und Pflanzung ab März / April, sehr anspruchslos	Mai bis November, junge Triebe, Blätter	eignet sich zum Einfrieren, für Salate, Quark, Soßen, Suppen
SAUERAMPFER *Rumex acetosa*	Würzkraut, für die Naturkosmetik, mehrjährig, garten- und balkontauglich	Aussaat im Frühjahr, feuchter, humoser Standort, sonnig bis halbschattig	Mai bis Oktober, Blätter, junge Triebe	nur frisch verwenden, zu Salaten, Soßen, Suppen, Quark
SÜSSBLATT *Stevia rebaudiana*	Süßungsmittel Heilkraut, einjährig, balkontauglich	Auspflanzen im Mai, warmer Standort in voller Sonne, humoser Boden	kontinuierliche Ernte der Blattspitzen	frisch und getrocknet verwenden, kalorienfreies Süßungsmittel, Blätter gegen Zahnfleischbluten und Karies
VEILCHEN *Viola odorata*	Würz- und Heilkraut, mehrjährig, balkon- und gartentauglich	Auspflanzen im Herbst oder Frühling, nährstoffreicher Standort, halbschattig	Blätter ganzjährig, Blüten März bis April	frisch und getrocknet verwenden, Blätter zu Suppen und Soßen, Blüten zur Garnierung von Salaten, kandierte Veilchenblüten
WALDMEISTER *Galium odoratum*	Heilkraut, würzt Getränke, Gelee, Tee, mehrjährig, gartentauglich	Aussaat im Herbst, lockerer, feuchter Boden, halbschattig	Mai bis Juni, Blätter vor der Blüte	nur frisch verwenden, für Bowlen, Säfte, Gelee, Tee; Vorsicht, nicht zu viel davon essen!
WEGWARTE *Cichorium intybus*	Würz- und Heilkraut, mehrjährig, gartentauglich	Aussaat ab April, trockener Standort, karger Boden, sonnig bis halbschattig	Blätter im Frühjahr, Wurzeln im Herbst	fein geschnittene Blätter für Butterbrote, Salate, Suppen, Wurzeln als Gemüse
WILDE RAUKE, RUCOLA *Diplotaxis tenuifolia*	Würzkraut, mehrjährig, garten- und balkontauglich	Aussaat ab März, in lockeren feuchten, nährstoffarmen Boden	ganzjährig, junge Blätter	nur frisch verwenden, zu Pizza, Nudeln, Suppen
YSOP *Hyssopus officinalis*	Würz- und Heilkraut, mehrjährig, garten- und balkontauglich	Aussaat ab April	Juni bis August, krautige Pflanzenteile	zum Trocknen geeignet, für Salate, Soßen, Kartoffel- und Fleischgerichte, zu Kräuterwein und Kräuterlikör

Bezugsquellen für Kräuter

Artemisia
Allgäuer Kräutergarten
Hopfen 29
88167 Stiefenhofen im Allgäu
Tel.: 08386 – 96 05 10
www.artemisia.de

Bingenheimer Saatgut AG
Kronstr. 24
61209 Echzell
Tel.: 06035 – 189 90
www.bingenheimersaatgut.de

Dreschflegel GbR
Postfach 1213
37202 Witzenhausen
Tel.: 05542 – 50 27 44
www.dreschfelgel-saatgut.de

Gärtnerei Blu-Blumen
Benteler
Stukendamm 74
33449 Langenberg
Tel.: 05248 – 609 02
www.blu-blumen.de

Rühlemann's Kräuter- und Duftpflanzen
Auf dem Berg 2
27367 Horstedt
Tel.: 04288 – 92 85 58
www.kraeuter-und-duftpflanzen.de

Staudengärtnerei Gaißmayer
Jungviehweide 3
89257 Illertissen
Tel.: 07303 – 72 58
www.staudengaissmayer.de

Syringa Duftpflanzen und Kräuter
Untere Gräben 1
78247 Hilzingen
Tel.: 07739 – 14 52
www.syringa-pflanzen.de

ÖSTERREICH UND SCHWEIZ

Arche Noah
Obere Str. 40
A – 3553 Schloss Schiltern
www.arche-noah.at

Biosem
Le Burkli 83
CH – 2019 Chambrelien
www.biosem.ch

Pro Specie Rara
Pfrundweg 14
CH – 5000Aarau
www.prospecierara.ch

Sativa Rheinau
Klosterplatz
CH – 8462 Rheinau
www.sativa-rheinau.ch

Zum Weiterlesen

Beiser, Rudi: **Kräuterglück – Genussvoll gärtnern mit Küchen- und Wildkräutern.** Verlag Eugen Ulmer, 2015.

Beiser, Rudi: **Mein Heilpflanzengarten.** Verlag Eugen Ulmer, 2012.

Bohne, Burkhard; Volk, Renate; Dittus-Bär, Renate: **Kräutergarten kompakt – pflanzen, pflegen, kochen.** Verlag Eugen Ulmer, 2014.

Bohne, Burkhard: **Taschenatlas Küchenkräuter.** Verlag Eugen Ulmer, 2008.

Bühring, Ursel: **Heilpflanzen-Kuren.** Verlag Eugen Ulmer, 2016.

Faßmann, Natalie: **Mein Obstgarten.** Verlag Eugen Ulmer, 2017.

Grabner, Melanie, Weidenweber, Christine: **Tomatenliebe.** Verlag Eugen Ulmer, 2014.

Lehari, Gabriele; Boss-Teichmann, Claudia; Pahler, Agnes; Kleinod, Brigitte: **Kräuter! – Gartenspaß und Kochvergnügen.** Verlag Eugen Ulmer, 2016.

Scott, Petra Katrin: **Backen mit Kräutern.** Verlag Eugen Ulmer, 2017.

NICHT ALLES WÄCHST DORT, WO MAN ES ERWARTET:

DAS REGISTER

„Schnell finden“

sorgt schon auf den Seiten 8 und 9 für den perfekten Überblick.

Bildquellen

Adobe Stock/naka: S. 38 re. o.
botanikfoto/Steffen Hauser: S. 150 u.
Casper-Zielonka, Susanne: S. 56
Colourbox.de: Vorsatz
Flora Press: BIOSPHOTO/Alexandre Petzold: S. 67; Botanical Images: S. 124; Christine Ann Föll: S. 119 u.; gartenfoto.at: S. 59; Helga Noack: S. 60 u.; Meyer-Rebentisch: S. 72 li.; Otmar Diez: S. 64, 131; Redeleit&Junker/U.Niehoff: S. 54; Sibylle Pietrek: S. 60 o.; Ute Klaphake: S. 93; Visions: S. 43 li.
Frank Hecker: S. 26 o.; João Lobo Colaço: S. 3 u.
mauritius images: S. 22 u., 25, 42, 43 re., 44, 45, 46, 50, 51, 58, 79 re., 80 u., 82 u., 84, 85, 86 u., 87 o., 87 u., 88 u., 89, 91 o., 92 o., 92 u., 94 u., 95 o., 95 u., 96 re., 98 u., 100 re., 102 u., 105, 106 u., 107, 108 re., 109, 110 u., 112 u., 114 re., 114 li., 115, 116 o., 116 u., 117 u., 117 o., 118, 120 u., 121 li., 122 u., 123, 125, 124, 126 u., 127, 128 li., 128 re., 129 o., 129 u., 130 u., 132 u., 134 u., 135, 136 o., 136 u., 137, 138 u., 140 u., 141, 142 re., 144 re., 146 u., 148 re., 151, 152 o., 152 u., 153
Möhrle, Bigi: S. 53, 76
Photocase.de: Jaroslaw Pawlaw: S. 12; southnorthernlights: S. 30
Schmidt-Röger, Heike: S. 75
Stocksy: Aila Images: S. 14 u.; Alicia Bock: S. 32; Bonninstudio: S. 2 li. o.; Chelsea Victoria: S. 18 u.; Dina Lun: S. 20; Helen Rushbrook: S. 28; Ina Peters: S. 7 li., 17
J.R.Photography: Vorsatz Rückseite; KKGAS: S. 6; Marija Kovac: S. 36; Marta Munoz-Calero Calderon: S. 24; ‚Melanie Defazio: Titelbild; Paul Schlemmer: S. 33; Pixel Stories: VorderS. hinterer Vorsatz, S. 14 o., 18 o., 26 u.; Raymond Forbes LLC: S. 1; Sandra Cunningham: S. 7 re.; Sara Remington: S. 30 li. u.; Studio Firma: S. 6/7, 29; Susan Brooks-Dammann: S. 8; Trent Lanz: S. 13; Trinette Reed: S. 34 o., 37; Viktorné Lupaneszku: S. 38 li. o.
Shutterstock.com: acongar: S. 30 re. u.; Africa Studio: S. 39 re.; Alexander Raths: S. 74; Anastasia Nio: S. 2 re. o., 102 o.; Anastasiaartdesign: S. 144 li.; Antonova Anna: S. 38 u.; Arefyeva Victoria_: S. 120 o., 122 o., 126 o., 132 o., 142 li.; arxichtu4ki : S. 140 o.; Carl Stewart: S. 22 o.; CobraCZ: S. 79 li.; Daniel Peter Ronneberg: S. 47; Elena Medvedeva: S. 82 o., 108 li., 112 o., 134 o., 138 o.; elena Shashkina: S. 111; Eskemar: S. 68; Fotokostic: S. 90 u.; garanga: S. 94 o.; gdvcom: S. 66; Henrik Larsson: S. 104 u.; HHelene/: S. 101 o.; jara3000: S. 86 o.; Joshua Resnick: S. 21; Katflare: S. 146 o.; Kerdkanno: hinterer Vorsatz; l0ngtime: S. 98 o.; Lana Langlois: S. 52; Le Panda: S. 100 o.; locrifa: S. 34 u.; mamita: S. 130 o.; Marina Kutukova: S. 118 o.; Maxsol: S. 99; motorolka: S. 103; mythja: S. 2 re. u.; nld: S. 88 o., 96 o., 110 o.; Oldrich: S. 78; originalpunkt: S. 16; petratrollgrafik: S. 119 o.; polinakhoronko: S. 80 o.; Potapov Alexander: S. 39 li.; Rubyfro: S. 113; Sharon Freeman: S. 104 o.; Sombat S: S. 145 o.; Somchai Jammor: S. 145 u.; Sundra: S. 106 o., 150 o.; Tim Masters: S. 72 re.; unpic: S. 81; Victor1: S. 139; zoryanchik: S. 69; Zvgeniya: S. 90 o.
Ulmer Verlag: S. 2 li. u., 3 o.
Zwermann, Karin: S. 121 re.

Alle Zeichnungen fertigte Johannes-Christian Rost nach Vorlagen der Autorin.

Impressum

Die in diesem Buch enthaltenen Empfehlungen und Angaben sind von der Autorin mit größter Sorgfalt zusammengestellt und geprüft worden. Eine Garantie für die Richtigkeit der Angaben kann aber nicht gegeben werden. Autorin und Verlag übernehmen keine Haftung für Schäden und Unfälle. Bitte setzen Sie bei der Anwendung der in diesem Buch enthaltenen Empfehlungen Ihr persönliches Urteilsvermögen ein. Der Verlag Eugen Ulmer ist nicht verantwortlich für die Inhalte der im Buch genannten Websites.

Bibliografische Information der Deutschen Nationalbibliothek
Die Deutsche Nationalbibliothek verzeichnet diese Publikation in der Deutschen Nationalbibliografie; detaillierte bibliografische Daten sind im Internet über http://dnb.d-nb.de abrufbar.
Wollgrasweg 41, 70599 Stuttgart (Hohenheim)
E-Mail: info@ulmer.de
Internet: www.ulmer-verlag.de
Konzeption, Layout und Umschlagentwurf: Ruska, Martín, Associates GmbH, Berlin
Lektorat: Antje Krause, Doris Kowalzik
Redaktion Seite 12 – 39: Astrid Ludwig und Ruska, Martín, Associates GmbH / Kerstin Duken
Herstellung: Martina Gronau
Reproduktion: timeRay Visualisierungen, Herrenberg
Satz: Antje Warnecke, nordendesign.de, Appen
Druck und Bindung: Mohn Media Mohndruck GmbH, Gütersloh
Printed in Germany
Papier: Circle Preprint Premium White

FSC www.fsc.org MIX Papier aus verantwortungsvollen Quellen FSC® C011124

ISBN 978-3-8001-0867-1